〔日〕松下幸之助 述

日本PHP研究所 编

范玉梅 译

松下幸之助致经营者

# 智慧力

人民东方出版传媒

People's Oriental Publishing & Media

东方出版社

The Oriental Press

**图书在版编目（CIP）数据**

智慧力：松下幸之助致经营者 /（日）松下幸之助 口述；日本 PHP 研究所 编；范玉梅 译 . — 北京：东方出版社，2022.7
ISBN 978-7-5207-2802-7

Ⅰ.①智…　Ⅱ.①松…②日…③范…　Ⅲ.①松下幸之助（1894-1989）—企业管理—经验　Ⅳ.① F413.366

中国版本图书馆 CIP 数据核字（2022）第 083757 号

SHACHO NI NARU HITO NI SITTEOITE HOSHII KOTO
By Konosuke Matsushita
Edited by PHP Institute, Inc.
Copyright © 2009 PHP Institute, Inc.
First published in Japan in 2009 by PHP Institute, Inc.
Simplified Chinese translation rights arranged with PHP Institute, Inc.
through Hanhe International （HK）Co., Ltd.

本书中文简体字版权由汉和国际（香港）有限公司代理
中文简体字版专有权属东方出版社
著作权合同登记号 图字：01-2020-0545号

**智慧力：松下幸之助致经营者**
（ ZHIHUILI: SONGXIA XINGZHIZHU ZHI JINGYINGZHE ）

口　　述：[日]松下幸之助
编　　者：日本 PHP 研究所
译　　者：范玉梅
**责任编辑**：钱慧春
出　　版：东方出版社
发　　行：人民东方出版传媒有限公司
地　　址：北京市西城区北三环中路 6 号
邮　　编：100120
印　　刷：北京文昌阁彩色印刷有限公司
版　　次：2022 年 7 月第 1 版
印　　次：2022 年 7 月第 1 次印刷
开　　本：787 毫米 × 1092 毫米　1/32
印　　张：8
字　　数：77.8 千字
书　　号：ISBN 978-7-5207-2802-7
定　　价：68.00 元
发行电话：（010）85924663　85924644　85924641

# 目　录

第三章　信念之章

# 前　言

### 企业经营需要依据

开展一项艰难的工作，必然会遇到一些让人左右为难的事情，我们常常因此而感到烦恼。之所以如此，是因为我们没有坚实的"依据"。

这句话并非松下幸之助所说，而是出自高桥荒太郎。高桥荒太郎已经逝世多年，他曾是松下电器的"大掌柜"，一直是松下幸之助坚定不移的支持者，是一位名副其实的"知名辅佐者"。可以说，他对松下幸之助的意义就如同辅佐者藤泽武夫对本田汽车创始人本田宗一郎。松下幸之助曾给予他最高的赞誉，公开表明："大家熟知的松下电器的传统精神，是高桥先生在我之前创立的。"

高桥为何会如此深受信赖？翻阅松下电器的危机

史，我们就能找到答案。

松下幸之助于 1918 年创办了松下电器的前身"松下电器器具制作所"（1929 年改名为松下电器制作所，1935 年改组为股份公司，即松下电器产业株式会社）。公司创立之后，松下电器曾遭遇数次危机。其中，最为严峻的一次是太平洋战争后被 GHQ[①] 指定为财阀家族。

当时，令松下感到愤愤不平的是"这个由自家三人（松下幸之助夫妇及其内弟）开创的事业怎么就成了财阀"。他难以接受这样的现实。更让他焦头烂额的是，由于松下电器被指定为财阀，企业生产经营活动受到了很大的限制，根本无法按照自己的想法开展业务。接着就是松下个人资产遭受冻结，松下电器持续亏损，甚至有报道说，松下幸之助是"拖欠商品税大王"。此时受到命运如此捉弄的松下面临着重大的危

---

① 第二次世界大战结束，麦克阿瑟为执行美国政府"单独占领日本"的政策，以驻日盟军总司令名义，在东京建立盟军最高司令官总司令部，在日本通称为"GHQ"。

机，已经走投无路。而为了解除被认定为财阀的危机，时任公司常务董事的高桥荒太郎先生日夜奔走。据说，他从关西到东京至少跑了一百个来回。正是在他不懈的努力下，财阀认定被解除了，松下也才得以开启重建之路。

可见，成功的经营者和不成功的经营者的区别就在于，危难关头是否会有鼎力相助的部下和日常工作中是否会有完全值得信赖的人。当我们追踪高桥和松下的足迹，不由得就会产生这样的感慨，同时也会心生一个疑问：为什么松下能有像高桥这样的部下？晚年的高桥在自己的著作中曾有过如下记述：

我一贯坚信的"依据"，是基于创业者松下幸之助的经营理念而形成的基本方针。无与伦比的基本方针是松下电器得以持续发展的重要因素，我对此深信不疑。

一直以来，我都坚持不以自己个人的小才能和小智慧为判断事物的基准，而是按照松下电器的基本方针来开展工作。我也摸索出了自己的做事方式，那就是参照基本方针对以往完成的工作谦虚地反省和探讨。正因如此，我这样一个普通的人，才能在不同的时期都能承担起公司的重任。

可见，高桥对于松下幸之助本人，对其思维方式和经营理念都有着深切的认同。而且，他还据此恪尽职守，完成了自己的任务和使命。

正如本书的第 17 篇所述，松下也曾提到，对经营者来说最重要的一点就是要拥有坚定的经营理念。高桥完全是按照这个原则行事的。换句话说，两人因"经营理念"而结成的这种牢不可破的关系，对企业的发展做出了重大的贡献。而且，我们不得不承认，一个公司拥有既能作为"依据"帮助员工行之有效处理问题又能受社会认可的经营理念，是公司在平时平稳发展和在危机时刻经受住考验的关键。

**在坚定的经营理念下渡过危机**

实际上，在战后最大的经济危机爆发之前，松下就已面临巨大困境。1929 年末，纽约股市大崩盘后，世界陷入了大恐慌，而当时的日本，正深陷战前"昭和金融危机 ①"。

人们经常将 20 世纪 30 年代的世界恐慌和 2008 年的世界经济危机进行比较。2008 年度诺贝尔经济学奖获奖者保罗·克鲁格曼在《萧条经济学的回归》（PHP 研究所刊行）一书中说：虽然世界经济危机正逐渐显现出平复的征兆，但现在还不能掉以轻心。此次世界性金融危机，"一方面是银行的危机，另一方面是陷入了'流动性的陷阱'"。从这一点上来说，它与 20 世纪 30 年代的世界恐慌非常相似。

实际上，2008 年的世界经济危机在初现和扩大之

① 1930—1931 年日本发生的经济大危机。1929 年从美国开始的经济危机于 1930 年波及日本，股票及各种商品价格暴跌，国际收支恶化。1 月解除黄金出口禁令后，黄金大量外流，随后日元汇率上涨，通货紧缩，并撞上西欧的经济大萧条，日本陷入经济危机。由于此时为昭和初期，所以这次危机史称昭和金融危机。

际,人们就曾担心整个世界经济可能会陷入与20世纪30年代一样的境况。而这种畏惧和担心并非玩笑,实际状况也的确如此。让我们记忆犹新的是,当时带动日本经济发展的大企业,特别是外向依赖型企业确实都受到了重创,很多企业一个接一个地都实施了裁员。个人消费呈现持续低迷的态势,至今依然没有恢复到危机之前的水平。

避免陷入这种危机,在坦荡的经营之路上切实前行。如果有可能,这会是我们每个人都期望的,而松下一直都是带着这种小心和谨慎经营公司。但不论如何小心谨慎,外部因素急剧变化而引起的危机是谁都无法避免的。而这种危机出现的可能性,必然会在日本经济进入全球化之后逐步变大。

现在,昭和金融危机已经成为历史教训。那时很多经营者被迫做出了降薪裁员的重大决定,当然也包括三十五岁的松下幸之助,他当时是松下电器制作所的所有人。对于当时的心境,松下感怀如下:

日本政府决定解除黄金出口禁令，实行开放性经济。当时真可谓声势浩大。商品却完全卖不出去。因为那个时候就像现在一样，银行不放贷，不如说是彻底收紧了吧。（中略）所以商品一下子就卖不出去了。（中略）我让工人半天休息半天工作，工资全额发放，但要求营业员一直工作，不能休息。因为那个时候是个体经营，所以员工都被称为营业员。我要求他们从早到晚四处奔走，在不降低价格的前提下销售产品，尽力把能卖的都卖了。努力去卖，卖不出去也没关系。我们就是这么做的。两个月后，公司库存销售一空，生产经营又全部恢复了。而通过这两个月的销售体验，营业员和工人都得到了非常好的锻炼。作为经营者的我也获得了非常难得的体验，深刻地体会到什么事情都是有办法解决的。因此，从那以后松下电器产生了一股强大的力量。

实际上，从那以后，松下电器的业绩提升得非常顺利。1932 年松下领悟到了产业人的真正使命，他于 1933 年将总店和工厂迁到大阪府北河内郡门真村（现门真市），带领企业取得了巨大的发展。之前我们提到的作为企业经验"依据"的，以松下经营理念为基础制定的纲领和信条，实际上是高桥于 1929 年 3 月制定的。

在大恐慌来临之际，正是在公司确立的明确的经营理念和方针的指导下，员工才能团结一致应对经济不景气。而正是有了这种亲身经历，松下幸之助才道出了"景气好，不景气亦好"的名言。

**将危机转变为成长：松下幸之助落泪的一天**

我们的内心深受触动，就会情不自禁地落泪。相信很多人都曾有这样的经历。1964 年 7 月于热海，松下幸之助，这位享有盛誉的知名企业家在松下电器的销售公司的代表和经销商面前，流下了眼泪。

令他落泪的"热海会谈"（全国销售公司及经销商

恳谈会），正是经营者松下幸之助处理的最后一场大危机。当时的销售公司和经销商经营状况十分萧条，这使他们对松下电器产生了不信任感，并引发了对商品和销售体制的不满。在这样的情形下，已退居二线担任会长的松下，从自己作为经营者的直觉出发，决定举行热海会谈。为了了解实情和尽快找到解决对策，他认为有必要召集全国的销售公司和经销商进行面谈。

它注定是一场没完没了的会谈。它以"松下电器声讨大会"的姿态为开端，持续了整整两天，到了第三天的时候，依旧处于议论纷纷相持不下的状态，会场持续上演着激烈的争论。中午时分，松下应答的时间总计已经超过了十个小时。此间，松下冷静地回顾了大家目前的意见和想法，认识到"大部分的责任都在松下电器"。然后他站在讲台上开始给大家讲话。

"目前，大家都说出了自己想说的话。我认为大家所说的不公平、不满意都是非常有道理的。我仔细地思考了一下，这最终都是松下电器的责任。真的非常抱歉。松下电器能走到今天，都是大家的功劳，我们没有任何理由抱怨大家。从现在起我们会洗心革面，重新开始。"

话语间，松下的眼泪夺眶而出，发言时不时地中断。不知不觉间会场恢复了安静，最后只听到一片呜咽抽泣的声音。

在一次演讲的提问环节中，松下回忆起当时的心情，他感慨万千："我当时也是热泪盈眶，虽然我没想到会发生这样的事情，但它真实地发生了。大家就用手帕擦眼泪。大家都在哭啊！于是我就想人性真是善良啊。大家这三天都在说松下电器的不足，到最后得出了"是松下电器不好"这样的结论，我回顾了一下我们从一个小小的街道工厂发展成今天这种规模的整个过程，眼眶不由得就湿润了。大家可能因此受到了感染吧，想到'虽然我们直到现在都在说松下电器的不好，但也并不能只是责怪松下电器，我们自己也有责任'，于是就都流下了眼泪吧。这也是我五十年职业生涯里的第一次啊。"

接着，大家都抱着不得不做出改变的决心和满腔的热情开始了讨论。大家做出决定之后，松下采取了积极果断的行动。他亲自代理销售部长，在经过了半年的考察后实施了"一地区一销售公司制度"和"事业部与销售公司直接业务往来制度"，终止月销公司的商品销售，开始执行现金结算的"新月销售制度"等新制度。热海会谈之后，日本经济遭受着东京奥运会带来的"奥运需求"逐渐退去的考验，再加上金融紧缩，经济不景气的感觉一下子高涨了起来。但是松下电器通过改革销售制度不仅摆脱了危机，还取得了令人瞩目的发展。从结果来看，松下的"直觉"的确奏效了。虽然我们不能说松下电器取得飞跃性发展的主要原因就是松下进行了上述改革，但是无法否认的是，渡过这次危机靠的是包括销售公司和销售店在内的整个松下电器的团结一致。

松下幸之助身为会长，当看到公司的数字报表，看到社会形势的变化，察觉到了不稳定因素的时候，就及时举行了热海会谈。如果没有这样的决断，我们就无从得知之后公司将会如何。

### 只有社长身先士卒，才会有真正的飞跃

"繁荣好，萧条亦好。"抱着和松下先生相同的想法，在去年年末开始的危机中谋求发展的经营者和管理者现在又在想些什么呢？

在现在这个充满危机的时代，越是认真对待经营的人，在做决断的时候就越容易苦恼和犹豫。为了摆脱苦恼，自然会想找一些值得信赖的人发一发牢骚，但不能让员工们看到。我想他们正处于这样的状况之中。

人们常说经营者是孤独的。他们时常要被迫做决断，如果回避，公司就会停止运转。虽说作为最高负责人，这是理所应当的，但也非常残酷。如果整个国家、整个业界都处于高速发展的阶段，也许可以允许某些决策稍有迟延。就现实而言，现在的日本经济状况并非如此。

经营者必须找到应对危机的突破口，站在最前列来筹划和率领公司员工向前发展。之后，就是期待公司的"飞跃"。在如此孤独且充满严酷战斗的日子里，

到底要以什么样的方针来战斗才好？

　　希望本书能够就此问题为大家的思考提供一些参考和帮助。本书主要依据企业经营者的真实提问，从松下先生的现场回答和演讲录中严格筛选了答案，总结了要点。

　　希望本书能帮助和激励众多经营者和管理干部在严峻的经济形势下开拓发展的道路。如果本书能够为下一代的领导者，也就是将要成为社长的人们提供帮助的话，我们将备感荣幸。

PHP 研究所　经营理念研究总部

总部部长　佐藤悌二郎

2009 年 8 月

第一章

# 热情之章

# 01 道路无限宽广

　　一旦成功就会满足，缺少了寻求新鲜事物的热情，人就是这样。正因如此，我们才不能满足于现状，而要去思考，还有诸多可行的道路。假如你能这样思考问题，道路必将无限宽广。

经营方面的各种问题都是这样，我们称其为隐藏的问题，虽然我们现在还不明白，但明天可能就会有新的发现。经营中暗藏了无限个这类问题。通过最近两三天的报道，我们了解了宇宙旅行。苏联报道说宇航员走出了宇宙飞船，与飞船一起飞行了一段时间。这是我们做梦也想不到的。而这做梦也想不到的事正在一一变成现实。

在我们的身边，虽然时下我们认为这样是最好的方式，但由于思维方式的不同，也会有人认为它不是最好的，也许还有其他的路。要是我们能这样思考，可行的道路就会是无限宽广的。我认为人既然活在这个世界上，每天自然就会发现一些新的事物。在经营上，在制造上，更应该如此。这究竟是为什么呢？如果我们自己能有这样的疑问或者是有这样一个问题意识的话，自然就会有一些新的发现。

如果你带着"差不多就是这样的吧，这样就可以了"之类的想法，人为制造界限的话，那就寸步难行，不会进步了。如果你认为进步是无限的，并且能带着这样的想法投入工作，我想你的进步自然会是无止境的。

虽然我们各自在做着各种不同的事，但我要说的是，做那些和以前一样的事情是万万不可的。世界的发展实在是太快了，所以要不断思考新的道路、新的方法。如果你没有兴趣，那么事业稍微顺利一些，你就会变得得过且过。因为只要是人，就会有对追求新事物缺乏热情的一面，其实，这是人之常情且合乎常理。但是我觉得从事制造业或者相关工作的人必须经常呼唤新的东西，应该专心致志地发现和创造新的事物。

## 02 动员员工并无特殊方法

　　社长不动，员工就不会动，动员员工并无特殊方法。只有自己先行动起来，员工看到之后才会有所行动。在这个过程中，亦能构建起良好的人际关系。

提问：我一直都不知道怎样才能调动员工的积极性，这让我十分苦恼。您要是有什么好的方法，请您帮帮我。

松下：从前有这样一句话："头要是不动的话，尾巴也不会动。"如果想获得丰硕的成果，想让一百个人都紧张起来的话，那么在别人眼中你一定是非常"可怜"的才行。

如果员工都觉得，我们社长在拼命努力工作了，"真是太可怜了"，就会团结一致努力工作了。如果不是这样，大家就会在你的视线范围内开展工作。（笑）我就是这么认为的。人就是这样的一种存在。

绝对没有一本万利的好事。你自己叼着烟悠闲自在，却对别人说"去工作"。你看吧，是不会有人工作的。（笑）我是这么想的。

还有就是，感受到工作的价值是非常重要的。如果我们看到雇用的人干得都很好，好到让自己觉得都有点心疼的程度，那么也就不会再无动于衷、漫不经心了。这种心情，就是我们回应员工的一种姿态。而通过这些就可以构建起和员工的人际关系。通过这种关系，我想你所希望的就应该能实现了。

而要做到这一点，方法之一就是必须不断地征求别人的意见。虽然会有些麻烦，但其他人的意见还是要征求一下。就算是我们以前觉得没有必要理会的一些人，也要问一下。"你对这个问题有什么看法？"就像这样，站着说也没关系。

一定要和大家商量，让大家带着关心来工作。我认为这个方法很好，不是吗？如果有一百多名员工的话，我想我是能够做到的。如果员工很多的话，确实会有些困难和不便，但一百人左右的话，这个方法是最适合不过的了，不是吗？我是这样认为的。我觉得动员员工没有什么特别的方法，关键在自己的行动。

## 03 不景气的时候会更有意思

　　不要逃避危机而要直面它，要设法渡过难关。这样一来，一切就会恢复正常。只要我们迈着坚定而正确的步伐，前路自然宽广。

提问：我们这些在人力、物力、财力上都没有优势的中小企业，能维持今天的状况已经是竭尽全力了。而这次经济不景气引起的竞争，已经把我们的经营逼到无计可施的地步。我们这些中小企业接下来要怎样应对呢？

松下：你是觉得哪里有不利的地方呢？是资金不足，还是感觉店铺的大小、地理位置上有不足之处呢？不管做什么生意，只有具备百分之百的条件才推进是不可能的。如果要找不足之处的话，那就会没完没了，因为总会有不如意的地方。

表面上的不足，实际上也不是什么拖后腿的大问题。因为和店铺的大小相比，地点的好坏更重要；而和地点的好坏相比，品质如何更重要；不要担心资金的多少，而应该担心信用的不足。

当然，更为重要的是，我们要有自信，要坚信如果没有自己做的这个买卖，社会就不会运转。感受到自己肩负着重大的责任才是做好生意的根本。我们不能被经济是景气还是不景气，竞争变得激烈与否等客观条件束缚。

在我看来，无论经济多么不景气，都会有前进的道路。甚至可以说不景气的时候更加有趣。因为我们会紧张起来认真起来，所以也就会找到可行之路。

从这个角度来看的话，如果一个公司十年间都发展得很顺利，那反而很危险。如果十年都很顺利，那公司难免有松懈之处。当然也有一些地方并不会松懈。那是因为这些地方的负责人相当小心，从不疏忽大意，就算成功也不放松，仍然"系紧盔甲"，保持高度的警惕。但是这样的公司，十家里大概也就一家吧。剩下的九家公司以社长为首，员工多少会怠惰松懈。

不管是谁，如果每天都能顺利地吃到食物，自然就不懂得它的珍贵了。同理，一旦事情进展顺利，人就会变得安逸。这就是人的弱点啊！而意识到这一点的人非常少。很多人在不知不觉间内心就松懈下来了，如果这时突然遭遇经济的不景气，公司自然就倒闭了。所以说，三年来一次小的不景气，十年来一次大萧条，我认为这对个人有好处，对公司有好处。

真的是景气的时候你做了些什么，到了不景气的时候就会出现什么。但人是很难吸取教训的。一个人不管多聪明，不遭遇一些挫折的话，就很难有切身的体会。

现在的情况正是如此，所以不要逃避，要直面它。自己并没有遭遇什么，但如果你的朋友或亲戚之中有人陷入了困境，你也会有切身的体会。此时就是学习的良机，也只有在这种时候，学习才会更加投入。

我们必须设法渡过这个难关，只有这样一切才会回归正常。不用担心，日本人是很聪明的，所以很快就会注意到这一点。

不要强行卖东西，不要按照顾客的喜好卖东西，要卖对顾客有益的东西。要让店面热闹起来，要精神饱满，努力工作。有活力的店才能聚集客人。我要说的话就是这些。我们要立足做生意的正道，努力奋斗，不要慌张。只要把事情一件一件认认真真地做好做正确，前路自然会为你打开。

## 04 能够不断地鼓舞大家的士气

　　要满怀希望，也要带给大家希望。我们要不断鼓起勇气，鼓舞士气，不断带给员工希望。希望我们无论身处何等困境，都能够做到这一点。

提问：因为经济萧条大家都没有什么工作可做，员工也缺少生机，死气沉沉的。这种情况下，如何才能让员工感受到工作的意义呢？

松下：没有工作，是不是就什么事也不能做了呢？作为一名经营者，必须思考的就是没有工作也不能让公司停滞不前。而能否做到这一点，是区分经营者良莠的一个标准。

假如没有工作，那就让大家明天休息一天。但不能只是休息，大家可以去摔一天跤吧。（笑）摔跤可以锻炼力气，还可以锻炼勇气。虽说不管我们怎么努力东西也卖不出去，但不能荒废了自己的技艺。为了打磨自己的技艺，就是从外面捡块铁回来，也要放在锉刀上练习一下。

一定要说积极向上的话。因为身为经营者，在任何时候都不能失去经营的欲望。必须满怀希望并给员工以希望。在这种情况下，经营者一定要站在最前头，先要鼓起勇气，然后鼓舞员工的士气，要给予他们一些什么。如果给不了工作，那就给他们工作之外的东西，那些日后会对他们有益的东西。

实在没有什么可给的，那就做些扫除的工作吧。扫除需要用抹布。如果抹布不够用的话，那就用脚打扫吧，脚总不会少吧。虽然这是一个玩笑，但是我们要能说些这样的话，要有这样的心境。能给予他人勇气的经营者，才是未来的真正的经营者。如果都垂头丧气，不知如何是好的话，情况只会变得更糟糕。

如果不得不裁员的话，那就要向员工说明其中的利害关系。"就像你们看到的一样，公司已经没有什么钱了。虽然我们曾经挣到过十亿日元，但是目前一日元也挣不到了。公司已经亏损了十亿日元，所以不得不让你们做出一些牺牲了。一个月轮换一次也好，一年轮换一次也好，请大家都休息一下。公司目前已经拿不出更多的钱了。非要拿的话，公司就会破产。公司并非某个人的东西，是大家的。所以希望每一位员工都能拿出百分之十来帮助公司。因为如果公司破产的话，大家就连可以去的地方都没有了。"经营者必须是能说出类似这些话的人才行。

## 05 与员工对话的方法

　　但凡时间允许，你就应该去见员工，听取他们的心声。虽然不可能听到所有人的意见，但是一定要珍视这样的心情。只要用心倾听，自然就能有所领悟。你是这样的社长吗？

提问：在现代这样的竞争时代，要想比其他公司更早获得商机，对于快速做出决断的要求越来越高。因此我认为，经营者从某种意义上来说必须成为"独断专行"之人。您认为这种时候都有哪些需要注意的？

松下：很多事情都需要注意，但最重要的还是集思广益吧。独断之人也分很多种，虽然在形式上是独断，但这个人能心怀自己的国民或员工，能不断地听取国民或是员工的心声和想法就是没问题的。

我也是从一个小公司开始一路当社长走过来的，但我绝对不会随心所欲地做事。我是创始人，乍一看似乎是个独断之人，但我经常会收集员工的智慧。我就是这样一路走过来的。

就算是今天来到这里的人，对他们说的话，我都会侧耳倾听，所以我就会知道大家的想法。也就是说，我的做法是看似独断，实际却并不是独断。我一直都是这样走过来的。当然，因为人数众多，所以要和大家一一交流是不可能的，一般来说，我都采取单方面跟大家讲话的形式。

"必须听一听这些人的话。"我总是抱着这样的想法。形式上是我在讲话，但在心情上，我是在和他们对话。只要有这样的心就好。我都是极其自然地在做这些事。

我们不能拘泥于信息的收集。否则会收集不到信息，而就算收集到了，我想也会是错的。这是显而易见的。天之声也好，地之声也好，都是要通过心灵的耳朵来倾听来判断的。

什么样的人，我都会见。只要时间允许，我同样会和来这里的人见面，注意倾听他们的话，然后再做判断。所以，我一直认为我的独断不是独断，他们的想法和我都是一样的。

这并不是在说觉得自己"伟大"的人才能成为独断之人，而是因为我什么都不知道，所以要听取大家的意见再来做决定。虽然做出决定的是我，但是我是在听取众人的意见之后才做的决定。

实际上，要听取所有人的意见是不可能的，但我是带着这种心情去做的。这确实是可行的。我认为，只有用心倾听大家的声音的经营者才能成为一流的经营者。

# 06 竟出现了奇迹

　　由于过度忧虑以至小便泛红，你是否有过这样的经历？你是否抱着这样的热情经营公司？如果没有这样的劲头儿，就不会出现奇迹！

有这样一件事。一个长年和我们有工作来往的社长曾跟我说："松下先生，我们的合作已经有很长时间了，从我父母那辈就开始了。现在，我也在拼命努力地工作，但总觉得近来很难赚到钱。你们松下电器一直在赚钱，一切都很顺利，我们却赚不到钱，这很奇怪，不是吗？"于是我问他："这可真是抱歉啊！你接手这个事业已经二十多年了，这期间，你是否有过小便泛红的经历呢，哪怕仅仅一次？"

　　"我并没有小便泛红的经历。但是在我当伙计的时候，我总是从师傅那里听到这样的话：'幸吉，你要想独当一面，就必须努力到小便泛红才可以。你如果没有两三次这种小便泛红的经历，就无法成为一名合格的生意人。'当时，大家都叫我幸吉。这到底是怎么一回事呢？这其实是在说，如果一个生意人因为生意上的事，忧虑至极，以至于把自己逼到了明天就要自杀那般地步的话，人的小便就会泛红。我刚刚想起了从师傅那里听到的这些话。一个人只有经历了这些，才能成为一名合格的生意人。所以，我才问他："你总说赚不到钱，那你有过小便泛红的经历吗？"

"我没经历过。"他说。

"要是这样的话，你就别抱怨了！如果你为了生意都忧虑到了小便泛红的地步，或者是你对生意倾注了全部的热情，但还是赚不到什么钱的话，再来抱怨吧！你并没有认真做事，不是吗？所以，你说自己赚不到钱，我只能说我也不知道为什么啊。我能告诉你的是，请先好好学习一下如何认真工作直到小便泛红再说！"我将这个意思跟他讲了一下。

这样一来，竟出现了奇迹。他回去之后就将全体员工召集起来，对大家说："昨天我被松下会长问到有没有小便泛红的经历。仔细想了一下，我确实没有因忧虑工作而小便泛红的经历。这样下去绝对不行，所以从今天开始，要改变做生意的方针。"作为批发商，他们一般都会在六点左右打烊。利用闭店之后的时间，他竟带着自己的店员，两三个有志青年，走访了一百五十家客户。

此前，他从未去客户那里走动过。每到一个零售店，他都会对商品陈列的方法提出自己的建议，这样放怎么样，那样放如何，等等。店面脏的话，他就会说"我们来打扫一下吧"。而且，他几乎每天都会去客户那里转一转，看一看。到最后那些店主都说："这是我的店铺，我会做的，你就别管了。"据说，半年之后，他的生意翻了一倍。那些零售店也变得颇具活力，利润渐增。

最近，他给我汇报说："我之所以这么做，是因为当时的谈话。我认真思考了一下过去的工作，觉得自己确实没有好好努力。庆幸的是，现在生意竟然翻了一倍，回款也好起来了。我也放心了。"我想，这大概是零售店对他的一种同情或者是被他感动的结果吧。

我依然会有这样一种感觉，那就是：无论是哪一个店主或是哪一个老板，如果他真能做到这种程度，那么不仅生意份额会有所增加，其智慧和才华也会不断涌现出来。因为这种事情是确实存在的。

# 07 拥有最高的热情

　　唯有热情不可或缺。即便拥有上百名
员工且每个人都满怀热情，社长的热情也
必须是最高的。

提问：我接手了父亲的事业，因为年纪轻，缺乏经验，所以很担心能否将公司顺利经营下去。在这样经验不足的情况下要想取得成功，作为经营者我需要注意哪些事项？

松下：我觉得这并不是一个很难的问题。我还想再活八十年，享尽天年，赚更多的钱，所以现在也在拼命地工作。你们年轻人的欲望应该比我更强烈才对，要让自己满怀希望，相信自己一定能成功，全力以赴投身到工作中去。

如果想靠小聪明赚钱的话，那是万万不能的。世界上没有一本万利的事情，最终的成功都要付出与之相应的汗水。虽然偶尔也会有没怎么流汗就取得了成功的，但那都是极其幸运之人，不是普遍存在的。

你要怀着最高的热情去工作。这样一来，员工看见如此努力的社长，自然就会想，无论如何我们必须好好干才行。如此一来，大家就会不约而同地努力工作。而年轻的经营者自然就会获得成功。

经营者要相信能够成功，要站在前面率先垂范。虽然每个人会有自己不同的想法和做法，但其中一个基本的原则就是，不劳动的人是不会获得成功的。要么用智慧，要么用体力，总之必须做点什么。我认为能否成功取决于付出了多少劳动。我觉得这个道理极其简单。

我们还要有陷入困境也绝不悲观的精神。我有过顷刻间所有财产丧失殆尽，还欠下了巨额个人债务的经历。但就算是这样，我也比那些死去的人要幸运。一想到有很多人中弹身亡，我就觉得自己是幸运的，这样一想，就不会悲观了。于是我就想，要带着欢喜的心情克服困难。我就是这么一路走过来的。

当时的状况非常艰难，可以说到了要自杀的程度。但我没有，那是因为当我明白了还有很多人比我更加不幸的时候，我觉得自己受到了老天的眷顾，这样被老天眷顾的我是幸福的。我就是这样想的。因此，我抱着绝不能悲观的心情努力工作，结果还真就取得了成功。

不想劳动而是想学经济学，想通过做学问来搞好经营的想法也不错。我觉得大家能做的事情有很多。很多必须做的事情，就在我们的手头和身边。年轻人只要满怀希望，抱着一定要成功的心态做事，我认为这就可以了。一定不要浪费自己的青春年华，要好好做事，不能做那些浪费时间的事。无论你有多高的热情，都不要去做浪费时间的事情。

当然，至于这件事是否是在浪费时间，就要请你自己来思考了。这到底是不是在浪费时间，你务必认真地思考才行。像那种一个电话就解决的事情却打了三次，这样的事情不能干。毋庸置疑这就是浪费时间。那么，这个时候，你就要研究一下打电话的方法，怎样才能做到一个电话就解决问题。

我认为做事情没有热情是不行的。只要有热情，就算沉默不语也有一定的说服力，用不着滔滔不绝地说个不停。只要内心充满了热情，即使不说话也能卖东西，我就是这么想的。不可或缺的就是热情。即便拥有上百名员工且每个人都满怀热情，作为经营者的社长的热情也必须是最高的。

有些人既有智慧又学识渊博。但要做某个具体的生意或者要经营一家店，就要求他对经营的热情比任何人都强烈才行。如果经营者缺乏热情，员工就不会有所行动，这是我一直在反复强调的。

虽然我觉得自己的知识逐渐快要用尽了，但是唯有想要把松下电器经营下去的热情，就算是在几万人当中，我的也是最高的。如果缺乏这样的热情，那就必须请辞。我认为，没有热情的人是不能身处最高位置的。一个口齿伶俐、学识渊博却缺乏真正热情的人，是很难取得成功的。我就是这样认为的。

第二章

觉悟之章

## 08 会不断自我批评

作为社长，要坚定公司的使命感需要一定的技术。但在掌握此项技术之前，先要具备的是内"芯"。那么，我们究竟积累了多少有形或无形的、有益于自己内"芯"强大粗壮的修行？你是否能做到反复自问自答，不断自我批评？

提问：就像是千人有千面一样，聚集在一个组织中一起工作的人，大家的爱好和性格都不同。为了把这些人统领起来，给予他们强有力的指导，松下先生您认为最重要的应该是什么？

松下：虽然我们每个人的感觉不同，处理问题的方式也不同，但我们要立足于公司的使命，这一点很重要。社长个人的使命感和公司的使命感必须一致，否则就无法对员工进行强有力的指导。

我在最初工作的时候，目的也只不过就是能有口饭吃。随着时间的流逝，在工作一年、两年之后，我们的工作人员也随之增加到了十个、二十个，逐渐地我就不得不思考一些问题了。一直毫无目标地工作的话，我开始觉得有些对不起大家，不能再这样下去了。称之为理想也好使命也好，我开始想要思考这些了。

不管是为了鞭策自己，还是为了和员工讲话，没有这些东西就没办法开始啊。所以，我是因为迫切需要才产生了这样的想法，有了这样的心思。而我也因为这个想法而逐渐成长了起来。

因为我们是产业人，所以只要按照公司章程中规定的公司原则坚定使命就可以了。说白了，具体如何把使命固定下来，要解决这个问题取决于这个人的技术能力。但是，在掌握这项技术之前，需要这个人具有内在的"芯"。

这个芯是越粗大越好，越强壮越好。即使你口头上说"我肩负着这样的使命"，这个使命却没有落在实处的话，也是无济于事的。人这种存在，又是什么样的呢？我认为，那些对人态度强硬的人总喜欢说"我就是这样的"这类的话。这样的人，实际上总是烦闷不已。

也许只有一休和尚那样伟大的人，才能做到彻底表里如一，而一般人都达不到那种境界。我们凡人做不到这一点。因此，我们就要不断自问自答，告诉自己振作点，必须振作。换句话说，我们要自我批判，要斥责自己变得软弱而不坚定的心。

那些讲话很有水平，能够指出员工"这么干不行"的人，是否一定就比别人做得更好呢？也并不尽然。人就是这样。如果平时我们经常能够自问自答，一旦遇到事情，脑子里自然就会浮现出一个清晰并能有把握的东西。

要将这种习惯一贯地坚持下去是相当困难的。人生就是一场修行。我们一定要知道是，这场修行既有有形的，也有无形的。而那些思路一直都很清晰的人，正是因为有较好的修行，才一直走在正确的道路上。

## 09 回到原点去思考

　　正是在不景气的时候，才要回到原点冷静地思考。如果你对经商满怀热情，必然会找到自己的答案，发挥自己应有的作用。希望我们都能有"绝地求生，反败为胜"的心。

提问：面对严峻的经济不景气的形势，大家都因无计可施而苦恼，请您具体告诉我们，经营者现在必须做的是什么？

松下：不管是经营者个人做决定，还是对公司的经营，首要的就是谨慎行事吧！其次，就是要冷静观察这个时代，重新回到原点，再一次凝神思考今后应该做什么，生意应该怎么经营？

这个事情不是别人能教你的。如果你是一个对经商富有热情的人，你只要冷静思考就能有所领悟。从这个意义上来说，我们有必要跳出自我，重新思考一番。

大家常说前途未卜，因为看不透前景，所以感到不安。如果我们茫然失神，这种应对方式就会被世间的嘈杂吞噬。当今，对于经营者来说，最重要的就是要好好地把握住自己。如果做不到这一点，就会变得左右摇摆，举棋不定。这才是最糟糕的。

在发展顺利的时代、经济繁荣的时代，我认为只要随大溜就能做好企业的经营。而在经济不景气的时候，我们每个人都必须考虑的是，生意的意义何在。我们要重新审视自己的商品，思考应有的立场，必须清楚地把握自己的价值。否则就没法发展了。

经营者必须有自己的旗号，也将其称之为使命感。如果能抓住这个使命，你就会变得强大。没有的话，要想在今后的时代发展下去将会非常困难。

有心的经营者会窃喜迎来了如今的萧条。在混乱时期，他们会想："啊，这是个好机会。这个时候既是教育员工的好时机，也是自己作为经营者学习和成长的时机。"

当然，在经济萧条时期，生意难做是个事实，但我们也可以思考如何利用这个机会。就算是在战斗中，也有稍事歇息调整战线的时候吧。现在面临的是不得不歇息，可这也是一个反省的机会。这样一想你就会甘心接受现状了。在一味地抱怨现状如何糟糕之前，我们要做的是重新思考。

# 10 要有承担责任的觉悟

　　要勇于承担责任。在战国时期，武将舍弃自己的生命去救部下是理所当然的。在眼下这个时代，我们就要赌上自己的"职务"来处理问题。否则，你就没有资格当领导者。

提问：今年春天，我将就任公司的高层。希望您能谈谈，作为领导者的我应该具备哪些必要的资质？

松下：用一句话来说，领导者就是要承担责任。不能承担责任的人，不具有领导者的资格。在过去，领导者就是要有为大家而死的心理准备。水攻高松城就是一个很好的例子。

秀吉水攻毛利领地高松城。被水围困的高松城，粮食逐渐消耗殆尽，守城兵马只能等死。

这时，高松城的守城大将清水宗治，对羽柴秀吉提出了自己的请求："我愿用自己的人头来做交换，请你放过高松城的守城兵马。"秀吉对宗治的态度甚是钦佩，只说了一句"恭候多时"就接受了宗治的请求。

宗治划船出城门，并在船上从容地剖腹自尽。目睹其行为的敌方和自家阵营都响起了钦佩的掌声。舍去自己的性命去救部下，这就是战国时代武将的觉悟。

我认为宗治的精神就是领导者的精神。虽然我们常说"一将功成万骨枯"，但"一将身死万兵活"同样也是真理。

一国的首相为了国民，公司的社长为了员工，部长和科长为了部下，在面临重大危机之际，要是没有舍弃生命的气魄是不行的。时下的领导者也必须有这种觉悟。

说堵上性命多少有些夸张，那么领导者就算不赌上性命，也要堵上自己的职务。这是领导者必须做到的。若能以这种心态处理问题，不出意外的话，一定会取得成功。

# 11 生意人的使命感

　　做生意，本身是一项神圣的工作，一个格调极高的工作，对此我们一定要有自己的觉悟和认识。我们要对"能让我们做生意"这件事情由衷地表示感激，不必卑躬屈膝。

提问：如果不挣钱就无法维持生计，但要想挣钱，就必须对那些不讲理的顾客也要卑躬屈膝。有时候我甚至不想让我儿子看到我接待老顾客时的样子。松下先生能始终带着自尊心做生意。我想请您给我讲讲做生意的意义。

松下：就我而言，我如果有一个物件，就会很想将它送给其他地方的没有这个物件的人，让他们用用看。事实上，我不可能把这些东西一件一件都送到对方眼前并询问"您用一下看看怎么样"。

虽然我认为"将我们国家的物品带到邻国，送给那里的人，他们一定会非常高兴"，但没有人能带过去。要是自己带过去的话，费时费力，十分麻烦。此时能发挥运送作用的，就是商人啊。

将这里多余的东西运送到另外一个物品缺乏的地方，使供需保持平衡。这就是商人的基本原则。这也正是商人的使命，而正是有了这个使命，生意才能成立。不可能免费运输，因为大家也要靠它吃饭。为此，就要适当收取一些手续费。这才是经商的原点，不是吗？

所以我认为做生意、经商，就是要忠实于这一基本原则，而并非完全为了个人。我有一个物品，而刚好有人想要，这就是产生了社会需求，我们才有生意可做。如果商人们不能清楚地把握这一使命感，那就没法做生意。

在我看来，诚实地出售商品赚钱是排在第二位的，排在第一位的是为大家运送迫切需要的东西。这似乎是神的工作啊，是神做的工作。它是如此神圣的工作。但大家并没有把它当成神圣的工作来看待。政府没有，公司没有，社长和商人也都没有。因为大家对此并没有清晰的理解，所以一说到生意，才都认为它是低贱的，生意人还会变得低三下四、卑躬屈膝。但并非如此。

一般来说，论及国家、社会，大家都会觉得格调很高。可是一提到经商或者赚钱，大家就会觉得格调好像是降了。这个想法大错特错。讨论经商与赚钱和讨论国家与社会应该是相同的事情。

这个地方的人因为缺少一种产品而苦恼，那个地方的人却因为这一产品太多导致变质而忧虑不已，在这中间起媒介作用，帮助双方保持平衡的就是商人。这是非常神圣的工作啊，是格调极高的工作。

人们能让我们从事如此神圣的工作，我们自当心怀感激之情。认识到自己是在从事神圣的工作，并对大家让我们从事这份工作而满怀感激之情。这两点我们必须清楚才行。

这样解释，我们就可以知道做生意是什么样的工作了吧，就不会认为经商是低级的，也不会卑躬屈膝了。我就是秉持这样的想法来经商的。

# 12 不给周围人添麻烦

　　要经常自问自答，我们作为经营者或者商人是否合格。一定要清楚，当你赚不到钱的时候就不再适合做商人了，你就应当退下阵了。

提问：虽然我在拼命努力地工作，但是通常很难取得成果。就此我想直截了当地问您，怎么做才能赚到钱？

松下：这是个非常重要的问题啊。说来说去，如果最后结论落不到这个地方的话，一切都是空谈。（笑）赚钱的道理看起来非常难，但也有非常简单的一面。

赚钱就是要不亏钱。您可能会说"这谁不知道啊"。（笑）实际上，想要赚钱却亏了钱的大有人在。这就是说，这种做法只能招致损失，但是你却将其当作能赚钱的事，拼命努力着。所以，要冷静地思考一下，自己做的事是不是真的能赚到钱。我觉得如果能赚钱，你就要毫不犹豫地坚持下去。

这个提问非常好，但要想给出一个有趣的回答很难。这个答案只能靠大家自己去寻找了，我一直认为，维持适当的利润是商人的义务。换句话说，商人获取适当的利润，就是对国家履行义务，最近我常这么说。只要是稍微大一些的工厂，使用的都是天下的土地，天下的人力，天下的钱财，如果创造不出利润，是对不起社会的。我要说的是，如果我们能认真思考如何才能创造利润，是不是就能找到出路了呢？

可能因为大家经营的都是小规模的生意，所以很多时候都不会考虑这个问题。但我认为，无论企业规模是大还是小，其义务都是一样的。

从赚钱这个层面来看，赚不到钱的话，你就是一个不合格的人（笑）。也许我这样说有些失礼。不合适的人，当然就赚不到钱。因为合格的歌者，必须会唱歌，而商人也一样，必须能赚钱才算合格，不合格的商人就注定会失败。

所以，我一直认为我们有必要认真地思考一下自己是否是一名合格的商人。虽然我现在还在经营松下电器，但是我经常会自问自答"自己作为经营者是否合格"。

如果我认为自己还算合格，那么我会继续担任会长。如果我觉得自己已经不合格了，已经颇为缺乏相应的才能了，我会立即退下阵来。我认为，这是一项我要履行的宝贵义务。就是说，一定要明确进退，该退的时候就要退下来。

如果你已经丧失了与之相应的能力，从那个位置上退下来就变得至关重要。我这么一说的话，您可能会说"真是岂有此理"。其实，不适合做生意的人非要做生意一定会失败。不仅会让自己困扰，还会给大家带来诸多麻烦。

作为商人，你是否经常思考自己是否合格？在说自己赚不到钱之前，一定先想一想自己是否适合做商人。这一点非常重要。如果你是一名合格的商人，就应该能赚到钱。这就是我的回答，如果有失礼之处，希望大家能谅解！

# 13 有直面死亡的觉悟

不按照人的本能思考，而是要求人们发现非本能的对待事物的方法。希望大家拥有这种"直面死亡"的觉悟。

提问：在一片希望总理大臣辞职的呼声中，如果总理大臣被迫辞去职务，他一定会非常痛苦吧？

松下：那确实是非常痛苦。

对谈者：大家明明都喊着让他辞职，并示威游行，但到现在他还没有辞职。看来是要考虑引退的时机的，这个不考虑不行。我也得想想这件事了。（笑）

松下：实际上，在必死无疑的时候，不死也不行啊。虽然用"死"这个字可能有些不恰当。但是我认为，一个人在面临死亡的时候，一定要接受死亡，这是非常重要的。辞职是这样，很多事情都是这样。我认为我们必须有这种觉悟。因为过去有这样的教诲。

对谈者：您所主张的好像是叶隐武士道精神。

松下：不。它在古代作为武士的心得是非常重要的。在现代人看来，这种认识是思想受到了禁锢，是有各种各样问题的。但是它确实是很难得的，至少他们想到了要做自己做不到的事情。我认为这才是精神。不是按照人的本能思考事物，而是试图发现一种不同于本能的对待事物的方法，我认为这本身就是一种精神。能认识到这一点，就很了不起了。而面对死亡，自然也会坦然接受。

# 14 要了解自己的命运

　　我们要了解自己的特质，知道上天赋予自己的"命运"。而这需要我们谦虚坦然地认真审视自己，否则将无从知晓。

从某种程度上来说，人具备的某些特质，真是上天赋予的。要赋予这个人哪些特质，都是早已确定好的。换种说法，这就是人的一种命运。总的来说，每个人都有不同的命运，你想做一些命运之外的事是行不通的。但问题的关键在于我们是否知道自己的命运，这的确很难（笑）。我们需要谦虚坦然地面对自己，并仔细观察，认真审视，否则无从知晓。而如果被欲望缠绕，就必将难以看穿了。

　　有个人叫后藤，他当过东京市市长，最后做到了日本国务大臣。他原本是位医生，当过卫生局长之类的官。到了四十岁左右，才开始觉察到自己适合做从政，所以便尝试走从政之路。

　　他是到了四十岁的时候才认识到了自己的特质或者说命运、长处。所以说，了解自己的天命非常困难！尽管如此，我认为，了解自己的天命是非常重要的。

当然，这并不是说我就一定知道自己的命运。但我总有一种认识，觉得自己不会做超出电器行业范围的生意，所以我一直都在做电器这一行啊。（笑）

第三章

# 信念之章

# 15 利润是来自社会的事业委托金

　　我们所赚的钱是来自社会的事业委托金。如此思考的话，我们开创新事业的想法将会变得更为坚定有力。

**提问：**松下先生，您主张私人企业也应该将公司的财产看作"公共"的财产。您是从什么时候开始有这种想法的呢？

**松下：**刚开始做生意的时候，我担心的是自己的生计。但过了两三年之后，我忽然开始思考：做生意的本质是什么？

生意最终一定要和社会关联，要有利于提高大家的生活水平。这也是其使命之一。这么一想的话，生意上获得的利润，虽然从法律上来讲是个人财产，但它实质上是社会的公共财产。因此，虽然可以允许我们凭着良知随意使用其中的一部分，但大部分应该是社会预存在我们这里的，是为了让我们扩大事业而预存在我们这儿的。我就是这么认为的。

因此，在公司还只有三四十人的时候，我就把个人生活和商店的经营分开了。如果是公司法人的话，必须这么做。但是在过去，就个体商店而言，店里的钱和生活费都是混在一起的。

但是我并没有那么做，而且我决定每个月都做决算。这种想法逐渐变得越来越强烈，不仅如此，我认为本质上个人财产也是社会公共财产。因此，我不允许胡乱支配自己的财产。可以说，正是因为有了这些财产，所以我必须进一步扩大事业。我当时想到的就是这些。

我认为自己赚的钱，是来自社会的事业委托金。这样一来，我对待事业就有了一股对待公共性事业的干劲儿。在精神层面上，我的工作就拥有了强大的支撑。如果只是为了自己赚钱的话，那就显得非常狭隘。另外，我在经营上的信念也变得非常强大。

我在修建工厂和基础设施的时候，非常大胆。不会担心个人财产受到损失。因为我认为，企业获得的利润原本就是社会为了再次使用而进行的投资。

实际上，不管你赚了多少钱，个人也不可能将其带到"另一个世界"。总有一天，你要将其还给某个人

或者国家。赚的钱作为报酬允许自己使用其中一部分，
大部分是绝不允许随便使用的。

# 16 有坚定的经营理念

是否有决断力，是否有先见之明，是否有执行力，是否有德行？从某种程度上来说，这些都是我们必须具备的、不可或缺的。然而，最重要的是拥有坚定的经营理念，并将它贯彻到底。

提问：虽然我进入管理层已经数年，但有的时候，我还是觉得自己是不是欠缺某种经营者的资质。一个经营者理应具备的资质和条件很多，松下先生认为其中最重要的是什么呢？

松下：我们能想到的经营者需要具备的资质和条件有很多，比如说领导力、决断力、执行力、先见之明，甚至还包括德行等品格。

我认为虽然不指望能完美无缺，但在一定程度上，经营者必须具备这些资质和条件。话说回来，一位经营者就算有先见之明，但缺乏决断力的话也是不合格的。如果要说什么最重要，我想应该是经营理念吧。社会大众会对企业的存在是否对社会有益提出疑问。能解答这一疑问的就是经营理念。实际上，这个公司为何存在，以及这个公司会朝着哪个方向发展，会以怎样的姿态去发展等这些涉及企业发展的基本状态，不管别人是不是会提出疑问，经营者都必须自问自答。换句话说，必须有坚定的经营理念。

之前我列举了几个经营者必备的资质，说到底，只有正确的经营理念才能让那些资质真正地发挥作用。比如决断力，对最高管理层来说，对接二连三发生的情况做出正确的决策，决断力是不可或缺的。经营者如果不能做出决断的话，事情就不会有进展；如果做出错误的决断，就会危及公司发展。做最后的决断，实际上这对经营者来说是一份充满孤独感的工作。

在饱受孤独感的折磨的情况下做出的决断，它的根据又是什么呢？一般来说，是损失和利益，也就是得失的权衡吧。对于日常的小决断这样做是可以的，但涉及最高战略的时候不能只考量得失。此时，最重要的就是立足于"什么是正确的"这一点，而它源于正确的经营理念。就是说，我们要时常根据经营理念来做判断。

只靠脑子凭空想出来的东西，并不能成为真正的经营理念，它像一个人的人生观、价值观、世界观一

样，是植根于内心深处的。这一点很重要。这个理念
必须是源于人，是从人的内心产生出来的，或者说它
是已经化为自己血肉的一种存在。我认为无论经营理
念的内容多么出色，如果只是停留在语言上的话，那
么它并不会与活生生的经营力联系起来。

# 17 不断地赋予员工目标

　　流水不腐，户枢不蠹。经营就如同流水一般，必须处于流动的状态，绝不能让它腐朽老化。因此，为了公司和员工能够获得日新月异的发展和进步，经营者就必须不断赋予其目标。

提问：在艰难时期，那些曾牺牲睡眠时间为公司努力工作的员工，最近也开始满足现状，其原有的锐气已经荡然无存了。这让我想到我们这个组织是不是正在逐渐老化。为了防止出现这种状况，经营者应该采取怎样的措施呢？

松下：这个问题我也想问问你呢。我认为防止老化是个很难的问题。人难免变老从而失去进取心、安于现状。这是人之常情。因此，要防止局部的老化是非常困难的。无论是国家还是企业，都会不断地老化。虽然整体进展顺利，但个体的老化是一直在发生的。而要防止老化并使全体人员进一步成长是非常困难的。

但我又不能不回答你的这个问题，所以姑且说一下我的想法。为了不老化，经营者要做的就是，不断地做好防止老化的工作。要经常对大家发出这样的呼吁，并为此付出不懈的努力。在这件事上懈怠的公司就会老化。所以，我们要毫不懈怠，经营者要不断呼吁大家"为了不丧失锐气，我们应该这样做"，或者就算不具体说明，也要时常发表一些东西赋予大家希望。这样做的话，我想老化现象应该会停留在一个比较小的范围内吧。换句话说，我的感觉是，是不是经营者凭借自己的经营姿态就能防止老化了呢？

流水不腐，户枢不蠹，所以要让事物运动起来。经营必须保持运动的状态。经营保持运动的状态，就是每天必须有新的变化。所以，我认为一个公司必须有一些能指导大家进步的东西。

如果没有这样的东西，公司就会局部老化，或者出现停滞。因此，经营者要经常为大家指明方向，要呼吁大家向着目标推进工作。如果不经常呼吁的话，一个个老化现象就自然地发生了。

从本质上看，老化具有易发性。如果放任不管，老化现象自然而然就发生了。为了避免老化，就必须采取行动。那就是呼吁员工提高警惕防止老化。身为经营者要不辞辛劳地做这件事。我是这样想的。

因此，我时常会告诉大家五年之后的事情。昭和三十一年（1956 年）我就公布了"五年后生产要翻四倍"的目标。因为我们昭和三十年（1955 年）的生产销售额是二百二十亿日元，所以昭和三十五年（1960年）的生产销售额要达到八百八十亿日元。这是新年开始的 1 月 10 日，我在发表公司经营方针时说的。我就在这时给大家设定了一个目标。这样一来，有心的人就会思考："五年是不是就能达到四倍呢？但社长说了要做，就不能不去考虑。"所以他们自然就会迸发出力量。在第五年的时候，我们的销售额真的突破了一千亿日元，提高了五倍以上。

　　紧接着，我又公布了双休日制度。"在美国，实行双休日制度，每周休息两天。所以，我们也要实行双休日制度。我们应该也可以像美国那样。虽然我们不能从明天就开始，但我想五年后应该就能做到。只要大家愿意这么做，就一定会做到的。那么，就让我们抱着这个想法来做做看。"当时我就是这样说的。五年后，我正式公布了实行每周休两天的决定。这次我又说了什么呢，我在正月告诉大家："五年后，我们要赶超欧洲的工资水平，接近美国的工资水平。"

归根结底，我认为一名经营者必须经常赋予大家目标，用类似刚才说的方式。因为人性本善，如果目标没有什么错误的话，大家都会赞成的。虽然很难处理"因为信奉的主义不同，所以不论是非善恶，都反对"这种思想上的不同。除此之外，如果要做的事情没有错误的话，通过提出目标就能凝聚人心。你将体会到目标所向之处，那些停滞不前的东西终将消失殆尽。

# 18 烦恼也是个好东西

　　人都会有烦恼，也会遇到令人愤慨、悲伤不已的事情。我们能否做到不以烦恼为烦恼，并巧妙地规避它呢？能否意识到烦恼也是个好东西，每次烦恼过后我们的智慧就增加了呢？

提问：我作为经营者有很多烦恼，特别是最近，几乎夜夜都睡不着觉。同样是经营者的松下先生应该也曾遇到很多烦恼。请问您当时是如何处理的呢？

松下：遇到了这种情况的话，我会努力从一切障碍和束缚中摆脱出来，尝试改变解释事情的方式。我自己有过很多这样的经历。我认为，这还是因为自己没能走在平坦大道上。我就举个自己的例子来说一下吧。

在我只有五十个员工的时候，我是以自己为中心把年轻人聚在一起工作的。大家工作都很努力，我非常高兴。但在这五十个人中有一个爱干坏事的人。虽说没到私吞商品的地步，但做了类似的事。

由于我本来就有点神经质，发生了这样的事，我感到非常苦恼。区区五十个人，里面就有干这种坏事的人，这怎么办才好啊？因为这个事情，我那天晚上自然也就睡不着了，心里总是在琢磨这件事。

　　我是否该辞退这个人呢？我思来想去，不知所措，这成了我的一个烦恼。就在这时，我突然意识到了一些事情。我想到："现在日本有多少干坏事的人呢？"换句话说，我思考了一下日本违反法律的人到底有多少。假设有十万人，这十万人都在刑务所里。这些人都是触犯了刑法的人。那些虽未触犯刑法，但犯了轻罪的人应该有被关押者的三倍甚至五倍之多吧？这些人可能就有五十万吧。为什么会有这样的人呢？因为没有人会把他们从日本驱逐出去啊。极恶之人关在刑务所里，对其余的人只是说服教育，他们都还留在日本。我突然认识到了这一点。

　　当时的天皇，就像神明一样深受人们尊敬。但凭借天皇的力量，罪人的数量也没能减少。那么日本又是如何处置这些罪人的呢？罪大恶极的人会被关起来，但不至于被关起来的那些人还是会被饶恕。这就是日本的现状。

　　身在日本的自己，如果只想着雇用好人来工作，就太自私了。所以我想到，如果接下来要雇用很多人的话，就要接受存在一定比率这种人的现实。我的想法就这样发生了改变。

这样一来，我的脑子一下子就轻松畅快了。一直认为"那家伙不行"的想法，自然也就变成了"还是可以宽恕容忍的"。公司将来会发展壮大，到了一两千人的时候，必然会出现几个对公司不忠诚的人。如果我们都不雇用这些人的话，那真是对不起天皇陛下了。就此，我得出了这样的结论。

如此一来，我就不能因为这些事情烦恼了。换句话说，要做大事业，只雇用好人来工作是很自私的。如果能做出这样的解释，自然就变得轻松了吧。我就是如此，用新的视角解释了此事。从此以后，我用人也变得非常大胆了。

幸运的是，并没有出现什么要搞垮公司的恶人。虽有一些犯小错的人，但并没有发生破坏大局之事，我因此也变得非常轻松。这是面对困难而采取新的解释方法。

做生意的时候，我也遇到过一些不给我们付款的客户。这自然也是一个烦恼。我们努力工作好不容易造出了商品，他们买了东西却不给钱。做这种事情的人简直是不可理喻、可恶至极。这是大家通常秉持的想法。但是，我们要知道的是，这在所有顾客中所占的比例，就如同猴子失手掉落树下一样，是很少的。这也是没有办法的事，所以就此放弃才是最重要的。

营业额中损失的百分之一，你就权当是自己眼睛瞎了、认错了人，没办法了。所以，我们不必为这样的事悲伤、愤慨或者生气。对那些不付账的人，要分别去交涉，尽力让他们付钱，但不能把他们当成烦恼。如果我们以这样的态度与客户面谈的话，说服对方付钱也会变得比较容易。每当遇到不太好的事情，我都尽可能重新做出一些解释从而打开自己心扉。

一般来说，在做出这样的解释之前，我仍会感到烦恼，少则几个小时，多则好几天。我觉得这也是不可避免的。所以，人是与烦恼随行的存在。为了不向烦恼屈服，我认为，我们要做的就是找到能够巧妙规避烦恼的解释。

　　庆幸的是，我通过努力总算是一路走了过来。虽说我对你的生意不太了解，但我认为你同样也会遭遇很多让人讨厌的事情，会有食之无味的时候，会碰见需要违背自己意愿的事情。然而，这同样也会变成一种自我提升的契机。因为每发生一次这样的事情，我们的智慧就会有所增加，不是吗？这样来看的话，烦恼也就变成了好事情。

# 19 坚守正确之道的人终将获胜

不管竞争何等激烈，都会有路可走。
只有正确践行约定，才能真正拥有信用。

这是战前的事情。当时插座的成本是十钱，大家却要以八钱的价格来销售。这样一来，自然就亏损了二钱。当时制造插座的企业只有五六家，我们也是其中之一。大家都觉得这样做太可惜了，所以就做了协调。

各个企业的社长全都来了，也都签了字，盖了章。当时没有《反垄断法》这类规定，所以只要现有的五六家企业协商决定了，就可以按照决议来执行了。于是，大家在签字之后就只等着看何时开始执行了。我认为，作为一个男人我已联合签署了这份决议，那就要执行，所以就立即开始执行了。

过了两三个月后，我们召开了代理店会议。大家纷纷非常严厉地指责我。都是些什么指责呢？"松下电器你们真是太不像话了！虽然这个价格是协调过的，但其他人一般会按照之前的价格便宜卖给我们一万个或两万个。只有你们说什么都不行。我觉得你们真是太不像话啦！尽管我们一直都很支持你们，但今天我就是来批评你们的。"

当时我是怎么回应的呢？我听了之后先是感到很震惊。我原本以为大家都是这么做的，但事实并非如此。虽然他们都说自己会遵守决议，但说的是"我们是因为签订了协议才调高价格的。如果大家趁现在购买一万个或两万个的话，还是会按之前的价格出售"。大家都在这么干。而遵守协定，没有便宜出售插座的企业只有我们一家。要是这样的话，那些客户生气、愤慨自然也是理所应当的。特别是那些一直大力支持我们的客户，当然会气愤不已。

因此，我就对客户说："我明白了。我要是站在你们的立场上的话，这么气愤是理所应当的。但这件事是有缘由的。这是某月某日我们几个社长在东京联合签署的协定，是男人之间的约定。而我履行了这个约定。我原以为大家都执行了这个约定，但根据目前的情况来看，其他人并未执行。所以，我认为我们松下

108

电器很了不起！"

"大家都在指责、批评履行约定的松下电器。而我想让大家知道的是，只有我们执行了这个联名协定。如果大家认为这个坚决执行约定的企业是值得信任的，请继续购买和销售我们的产品。如果你要说这样遵守约定的企业不像话，那我想以后我们就不用再合作了。"我就是这么说的。

这样一来，大家都说："我们明白了。这么说的话，确实如此。"然后他们就没再说什么。此后大家对我的信任反而加深了，对我个人的重视程度也增加了不少。如此一来，这倒像是我为了博得信任，而让大家受到了损失一样。（笑）事实就是如此，做生意有的时候是很有趣的。

我认为，人不能只有欲望，大家一定会认可我执行约定是正确的。因为当时，我脑子里闪过这样的想法："其他人竟然都没有遵守！这些人真是不值得信任。"我们执行了约定，我感到非常自豪。所以我才会突然说出那番话，那就是我的真实感受。如果我说：

"不管大家是否信赖这样的松下电器，但和大家的约定我们同样会严格遵守。"这样势必就能获得极大的信用。要说赚到的话，赚得最多的人其实是我。

竞争如此激烈，但我始终坚信一定有路可走。从结果来看，坚守正确之道的人终将获胜，两者是相互关联，密不可分的。

# 20 借钱的方法

　　如果我们对自己的事业抱有坚定的信念，认为它是正确的，就会有将它推荐给别人的想法，也会想着去说服他人。这就和从银行获取资金、销售商品、取得订单一样，道理都是相通的。

提问：我们现在很难从金融机构获得贷款，资金陷入了困境。如果您有可以从银行获取贷款的好方法，请您务必告诉我。

松下：如果你直接去银行，对工作人员说"请贷给我点钱吧"，银行很可能回复："你的公司规模很小，我们不能贷给你钱。"那你就只能说："啊，是吗？那就没办法了！"然后从银行出来。这样的话，你是不可能借出钱来的。要去贷款借钱的时候，你要带着热情，要去说服对方才行。

只要你抱着"自己所做的事情是正确的，是没有问题的"这样的信念，就能说服银行的工作人员。比如你可以这样说："虽然如你所说，但并非企业规模小就一定很弱。事情并不是这样的，难道不是吗？正因为小才很强大啊。这个道理你明白的，不是吗？"

如果你能这样说的话，对方很有可能会被你的热情打动，会觉得"原来如此！你说得对，那就把这笔钱贷给你吧"。事情就可能发生转变。产生差别的地方，就在类似这样的一些细节上，不是吗？我认为这和销售商品、取得订单是一个道理。如果我们自己没有坚定的信念，那么不管我们所在的是中小型企业还是大型企业，都是不行的。

这最终说的还是一个信念的问题。如果我们进一步挖掘信念，就会自问自答"这是否是正确的"。

一个人口才再好，如果他做的事情是错误的、不好的，那就不可能有什么信念。只要你认为"自己做的事情是正确的"，你就会把它推荐给别人，说服别人相信自己。这样一来，你自然就有可能说服别人了，不是吗？基本上所有的事情都是如此。

# 21 不能扼杀了员工的劳动成果

做生意就是一场真刀实枪的比赛。在决定输赢的时刻，能看到员工挥洒汗水的身影的人，不漠视其劳动成果的人是真正强大的。

从公司还很小的时候到现在，我的想法不曾有一丝改变。最近都是我们给商品定价。就算跟客户说"我们是按照这个价格在卖"，也没有一个人和我们讲价。外行也许会讲吧？我不知道。但批发商、零售店都不会讲价。因此，我们的责任就显得异常重大。

要是他们都讲价，我们就是把价格定得高也觉得很安心。因为还会交涉价格，这样一来总会谈到一个合适的价格。如果像现在这样不讨价还价，那么定价一高就意味着没有人会买。就是要在大家买或不买之间定一个合适的价格，才感到特别难。这就是我如今深有感触的事情。

在公司还很小的时候，就算是我们定了价，也往往会遇到这样的情况："您说什么呢？这个价格这东西还能卖吗？市场价不是这样的！"因此，公司规模很小的时候，自己是无法定价的，只能由对方来定。当然了，买方自然会把价格定得低一些。我们就碰到过这样的情况，就有人说："你们松下电器的价格太高啦！别家的要更便宜一些！"我就对他说："那就没办法啦！"而没有让价。

那个时候，我的眼前浮现出的是员工们辛苦工作的身影。成本一日元的东西卖一日元十五钱，你还说贵的话，那是不是就是在说我们的工作做得不好呢？要是我们的工作做得不够好，那也是没办法的。但我仔细回顾，我们的工作做得并不差，大家都在拼命努力地工作。所以，这个成本不可能比别人的高啊。当时我们有十个人，我亲眼看到这十个人从早上七点到晚上七点全都在汗流浃背地拼命工作。

于是我想我不能将这些人的劳动成果化为乌有。所以有人说："你们价格太高了，便宜点！"我也会这么说："我们全都在拼命地工作，也没有粗制滥造的地方。要是这样您还说贵的话，那也就真没办法啦！我们是不会降价的，请你们去别处买吧，没关系的！""是吗？您要这么说的话，那看来是真没办法了，那我就买你们的吧!"这样做反而有了成果。

如果当时我心里想"没办法啦!别人要是便宜的话,我们不便宜也不行"的话肯定就不行了。当时我认真地思考了一下,我们究竟有没有拼命努力地工作。再有就是,我认为不能因为我个人的意志将全体员工挥洒汗水辛勤劳动获得的成果化为乌有。想到这个,我就感到自己的内心迸发出了一股强大的力量,所有的问题也就迎刃而解了。

这实际上是对方的一种商业战略。他们当然会把一日元二十钱的东西降到一日元十五钱。而我一开始说的就是十五钱。价格丝毫未降,最终还是我们的便宜。因此,我们逐渐有了信誉,到现在大家干脆都不讲价了。如今是只要我们说定了价格,对方就会欣然接受。这样一来,生意很快就能成交,大家都可以赢利。做生意就是这样的。

不管做什么事,人总是对自己认为正确的事充满底气,而如果觉得自己有错,自然就缺乏底气。这就和我讲的一样,员工们都在拼命努力地工作,而我却简单随意地定出了一个不合理的价格，这就意味着我抹杀了这十个人的劳动成果。这会让我无法原谅自己。我的心里一直都装着员工，所以才会变得很强大。

　　实际上，我是个比较软弱的人。真的是这样。但我掌握了拥有这种强大的力量的方法。"不能让这十个人的劳动成果化为乌有"，正是因为有这样的想法涌上心头，我才会变得强大起来。

第四章

素直之章

# 22 做决断的方法

　　我们要放空心灵，用素直之心看待事物。要懂得辨别听到的不同声音，这样才能甄别员工的进言，并做出决断。这正是经营者的职责。

提问：经营者要为大大小小的事做决定。特别是在被迫做出重大决定的时候，我经常感到那种身体被切割般的痛苦。在这种时候，我不知道哪些才是经营者必须铭记在心的重点。

松下：就是要看清事情的真相吧。要看清真相，就要拥有一颗淳朴坦诚的素直之心。不能带着欲望去判断事物。什么也不要有，放空心灵来看待事物，或者用素直之心来看待事物，这样就会知道事情的真相。

心灵不能受任何禁锢，不能用受束缚的心来看待事物。不能被名誉束缚，也不能受社会评价的束缚。不被所有这些束缚，而是想笑就笑，认定自己走的是一条正确的道路。必须有这样强大的内心才行。绝不能被杂音扰乱心智。

当然，不听杂音也不行。如果我们屏蔽掉所有的杂音，做出的决定就会变成一种独断。为了保证自己不被杂音带偏，就要分辨听到的杂音。经营者如果做不到这一点就会坏事。如果分辨不出杂音，判断就会出错。而经营者的错误判断必然会使公司蒙受损失。从这个意义上来说，经营者只有在辨别听到的杂音后，才能做出正确的判断。

所以，我们一定要认识到就算是一个很好的人也有可能提出错误的意见。这样的事情屡见不鲜。为了公司能够更好地发展，一些员工会向上司提出自己的建议，但这个建议，有时并不正确，而是他的错觉导致的错误判断。这个时候，经营者一定要指出："这是你的错觉。"这是经营者必须具有的能力。

因为将军和军师不同，军师会向将军谏言，提出自己认为不错的战术，因为他觉得采用他的战术一定会赢。而要不要采纳这个谏言，就是将军的工作。将军要做的事情就是做出决定。

如果有十个军师，那么就会出现十个人的意见完全一致的情况，也会有意见不同的时候。而最终采用哪一种，则是由将军来决定，只有将军拥有最终决定

权。不做决定的将军必然是愚将，愚将就会吃败仗。（笑）

将军做出决断，然后才能统一全军的步调。这是将军的统率能力的问题。而一名将军的统率能力取决于他的见识。如果你认为"只要是这个将军，那他做的决定就必然无误"的话，那么，你只需跟随他就可以了。

# 23 用素直之心分辨

　　作为领导者，先要以素直之心来辨别"什么才是正确的"，同时也要有效地说服对方，并不需要耍弄手段。

提问：中国的古籍和历史书上，经常会有这样一些故事，讲的是擅长权术谋略的人打败了对手，然后执掌了大权。也就是说，领导者还是需要一些权谋和计策的。这样理解对吗？

松下：并不需要什么权谋计策，不用做那些耍手段的事情。

经商也好，从政也好，本来就是要极其正直才可以，否则……我其实一直在思考的问题是，我们要培养的人才，一定要能素直地看待事物才行。而如果我们拥有了一颗素直之心，就能看清真相。如果知道了真相，就能知道什么是好的，什么是坏的，然后就可以做出正确的决断。所以说，我们先要树立这样的信念才行。不过，领导者可能多少还是需要些说服力。领导者最重要的基本功是能分清楚什么是正确的。要能有效地说服对方，这是第二种能力。领导者先要培养第一种能力。对于第二种能力，与其说是学习，不如说重在领悟。另外，要记住的是，如果没有实践的话，以上所说的就都只能是空谈而已。

# 24 如何与舆论对峙

平时顺应舆论，但在非常时期，也需要有逆势而行的魄力。要立足于当时的情形来思考和决定。面临大事要能下定决心做出判断。

一个男人，能决定进退是非常重要的。我经常说："要在该退的时候退，该进的时候进。进退不当的话就会犯错。"而我确实就是这么想的。面对如今的经济不景气，我们究竟应如何采取行动？这里的进退，并非辞不辞职的问题，而是该如何发号施令的问题，这才是所谓的进退。我们能否做到这一点？我们必须随时都能做到这一点才可以。

我不知道这是否能算一个例子，现如今，社会上就有"要顺应舆论"这样一种声音。舆论，当然非常重要，即便是政治家也不能与之对抗。一般来说，顺应舆论行事是不会出错的。这话放在平时，我是认可的。

但是，织田信长在桶狭间战役中，就采取了违反舆论的做法。当时大家的意见是，全体将士固守城池，原地不动。大家都认为："对方有两万大军啊！而我们只有两千兵力，进入平地的话必败无疑，所以要坚守城池。这期间，说不定会有援军出现。"所以当时大家的看法就是，放弃必败无疑的平地战，坚守城池。所有家臣的意见都是守城，以便拖延时间。

然而，信长没有采纳这个意见。他说："是吗？要是你们都这样想的话，那我就一个人上吧！"于是他就一个人冲了出去。信长早就看透了进退的利弊。然而，当时的舆论并没有。只有信长一个人指出，固守城池注定失败，胜负乃是时运，所以不如反其道而行。而正是在这千钧一发之际，他的决定赢得了胜利。这场战争因逆舆论而行取得了胜利。

当然，就算我们能举出这样的事例，经营者还是会采取顺应舆论的策略。虽说基于舆论发号施令没错，但我们要知道的是，有的时候逆舆论而行也是必要的。问题的关键，就在于你要能看透这一点。

我认为这一点非常重要。我好像在说一些莫名其妙的话。通常情况下，基于舆论行事是没有错的。但是，在非常时期，逆舆论而行也是一条生存之道。所以，我们要立足于当时的情形来思考，要下定决心做出判断。

做不出这种决定的经营者，是不合格的。经营者就是做决定的人，而军师则是掌握战略方法的人。只有这样做了，我们才会进一步谈及胜负。一定是由将领来决定战与不战，军师无权决定。这是将领不得不做的决定。

将领一旦决定作战，那么为了进行最有效的战斗，只需告诉军师"你来想一下"就可以了。将领要做的决定就是是否作战。

经营者也是这样的角色。下不了决心、不能妥善做出决定的人不能成为经营者。我们必须清楚地认识到这一点。在面临大事的时候，经营者必须做出决断。我们必须时常做好这样的思想准备。如果平时没有注意，关键的时候将难以做出决断。一旦涉及重大事件，就会备感困惑。

平时我们也会因一些小事而感到困惑。在这个时候，你说自己不知道也没关系，不会产生什么大的问题。如果遇到重大事件，万万不可这样做。这种情况下，我们要自己思考，要当场就能说出"那么，就这样做"。为了能在面临重大情况时立即做出判断，我们平时要注意培养自己这种能力。

生意，或者说经营以及国家的发展，必然有其艰辛的一面。但并非每天都很艰辛。平时风平浪静的话，不理会也没关系，你大可以说"你看着办吧"。一旦大事来临，则必须干脆果断地做出决断。公司的经营也是同理，不这样做的话，就无法给大家带来喜悦。经营者就是这样的角色。

# 25 通过经验磨炼直觉

　　直觉和科学，如车的两轮，应该善加
使用，不可偏向任何一边。

**提问**：现在，我被迫要做出事关公司今后发展的重大决定。就经验来看，我确信会成功，但是前期进行的调查结果不怎么理想。我是应该凭直觉来行事呢，还是要注重调查结果，看看情况再说？我现在很迷茫。

**松下**：你说的是"遵从直觉究竟是好是坏"这个问题吧。我认为这两者都要考虑。就算对很多事情都能做出科学的决定，最后还是要靠直觉发挥作用，不是吗？说一个和这个问题多少有些不同的例子吧。最近我去公司的时候，碰到一个让我吃惊的事。跟你说自己公司的内幕不知道好不好，但这是我最熟悉的一个例子，所以我就说一下吧。

总公司一直都在收集来自其他各个地方的工作场所的报告书，共有二百四十份。我们的工作场所总共有一百个左右，每一个地方开展的事业都不相同，就是说工作的内容都不一样。产品种类也有几千种，所以情况多少有些复杂。就算是这样，我们一直都在收取二百四十份报告书。既有每天一收的，也有一个月一收的。

这让我很是震惊。为什么我们会如此需要报告书，谁会读这些？写的人很辛苦，读的人也读不完吧？如果明天公司倒闭，那就另当别论了。所以我跟他们说："那些无关紧要的东西，全都停下来。"之后这些报告书就减少到了四十二种。起草这些方案的是一些大学生，（笑）怎么说呢，就是一些用理论来考虑问题的人。

最典型的一个例子就是大家都使用电脑。在总公司，今天全国的营业额，明天早上就能准确地算出并呈报上来。于是我问："这需要多少费用啊？"他们说："每个月需要三百六十万日元。"我就说了："这是浪费啊！"他们说："不，这很方便啊！"于是我说："能在今天早上把昨天的营业额准确整齐地送到我们的手上，确实是很方便。但是只有在根据这个数据讨论接下来该做什么的时候我们才需要它。你们所做的也只是将其收集起来，不是吗？我们的生意不这样每天统计，就算五天收一回报告书也能了解大概的情况吧。我们每天都卖这些产品，应该凭直觉也能知道大体上能卖多少。那些凭直觉弄不清楚销售额的人，从长远来看也是不行的。"（笑）

于是，我把这个叫停了。虽然电脑是非常方便的好东西，但是我们不需要。如果我们做的是那种"早上掌握了数据，中午就要采取某项措施"的生意，那电脑是非常必要的。实际并不是，所以没有必要用电脑。如果把电脑摆在那里，那就变成了我们必须这样做。虽说方便，但我们不要做没必要的事。我们这样的公司，用经验凭直觉就能对百分之九十的工作做出正确的判断。所以，只要再加上那百分之十的科学理论性的东西就可以了。

我认为，将来要在一个地方统一管理几百万个客户，要销售商品的时候，电脑才会变得很有必要。我一直在说："到了那个时候我们再用吧。现在先把电脑放在一边，腾出来经费。"

我认为，有的时候仅凭直觉就可以解决问题，但有的时候必须讲科学。在商业行为中，直觉发挥作用的空间还是很大的，不是吗？

我认为，从科学层面来说，科学家也不能没有直觉。从事伟大发明的人，像爱迪生那样如神一样的人，在很大程度上，也是凭借直觉的。他在做类似火车列车员和烧锅炉之类的工作的时候，脑子里浮现的一闪一闪的灵感就是直觉。凭借这闪现的灵感，他为我们创造了科学。不难看出，直觉是非常必要的。

我认为，直觉和科学就如同车的两个轮子，既不能偏向直觉，也不能偏向科学。经营者应该像对待车的两个轮子一样，将两者善加使用才好。

# 26 知识与智慧不同

　　我们要磨炼智慧。要自己领悟智慧，
增进智慧。要不遗余力地奉献智慧。

知识会持续不断地被传授下去。如今，知识的范围得到了巨大的扩展。实际上，在生活中真正使知识充分发挥作用的是我们的智慧。

　　我认为智慧与知识不一样。我用语言很难表达清楚，但大家一定要知道，使用知识的是人。无论知识多么进步，若不与智慧相伴，人类就会陷入知识带来的灾难之中。所以，知识越进步，就越需要人们熟练地使用它，让它服务于人类的生活。也许可以这样说，除非我们增进智慧，否则这一切就会变成灾难之剑。

　　虽然电子计算机的研发是可喜的，但是我们是否应该为开发人类智慧付出更多的努力呢？然而，开发人的智慧是非常艰难的。

　　学问和智慧有所不同。为什么呢？学问是有人教就能学会的，比如经营学，既可以教授，也可以学习。

然而经营是无法教授，也没法学习的，是需要经营者在道场上领悟的。

我们可以这样认为，那些教了就能学会的是知识，而教了也无法学会的则是智慧。智慧只能自己领悟，别无他法。领悟就是通过体验，发自内心体会到"啊，原来如此"。这种感受还需要不断地升华，才能转化为智慧。

释迦牟尼出家的时候，虽历经苦修苦行，仍未有所领悟，因此选择了放弃。他脚步沉重地走下山，已经筋疲力尽了，所以倒在了山下。一位路过的少女见他可怜，就拿了羊奶给他喝。他喝了羊奶恢复了体力，在菩提树下打坐，参悟了佛教。智慧，就是这样的，不是吗？

智慧是如此难能可贵，却遭受人们的轻视，而知识在持续向前发展，两者的不平衡才造成了今日的混乱，不是吗？我认为这是一个很重要的问题。现在是一个非常艰难的时代。因此，我们要互相呼吁："让我们来磨炼一下智慧吧！让我们毫不吝惜地奉献出彼此的智慧吧！我们一定要充分利用先进的知识。"如此一来，只要用心地、认真地去做，或许大家就会在突然之间有所领悟，而大家领悟到的就是智慧。智慧是会不断向上发展的。这就是我的看法。

# 27 要走平坦大道

为了能尽量躲避危险不走弯路，我们要思考如何走上坦途大道。

提问：开展经营活动，就会屡屡遇到难题。这种时候，我们这些普通的经营者就会想着如何避开难题。但我感到松下先生却有一股勇于克服困难的强大的力量，这让我很是钦佩……

　　松下：是吗？真是不敢当啊！在您看来，我在经营企业的时候是不是就算遇到阻碍也不在乎，会将其化解，或者多少也包含了"可以踢动的东西，只要踢一下就能把它踢走了"这样的意思呢？然而，事实并非如此。（笑）要在尽量不抵抗的情况下开展工作，才是我的方针。

　　因为我是在尽量不抵抗的情况下工作，所以进展才会比较顺利。或许您会认为，如果遇到少许障碍的话，我会克服它或者踢飞它，要是能移动的话就移走它，对吧？其实不是这样的。

　　假设你要除掉这块石头、跳过石头或者踢飞石头的话，在一切都顺利的情况下，那还好。如果不顺利的话，你就会受伤，是这样吧？因此，事情就变成了，你必须接受三天的治疗。

所以，为了尽量避免走危险的道路，我们就要沿着平坦大道走，我一直都是站在这样的立场上来思考问题的。但是，世间之事总有躲过了初一躲不过十五的时候，问题是，遇到这样的情况该怎么做才好？我还是一句话，要是能躲开的话，我们就要躲开。无法避开的情况下，必然发生冲突。在我看来，之所以产生冲突，是因为不知道该如何避免。换句话说，一定有规避冲突的方法，只是我不知道而已。

如果无论如何都无法躲避的话，那试图避免就是徒劳。在无法避免的情况下，我们要用无法避免的心态继续前进。如果无路可走、无计可施，为了尽量避免受伤，我们就要思考如果下次再遇到类似的情况，自己该怎么办。说到这里，这好像一下子变成了一个高深的禅宗问答，真是让人不胜惶恐！（笑）

# 28 没有永恒的事物

万物皆有寿命，企业不可能永远保持与现在一样的状态。

提问：一般来说，企业的寿命是30年，然而，我们也能看到有不少企业克服了经营环境恶化的困难，长期存活了下来。看到这样的企业，我就会想企业是不是只要经营方式得当，就可以一直存续下去呢？对于企业寿命这个问题，松下先生您是如何考虑的？

松下：就结论来说的话，我认为不只是企业，原则上来讲没有任何事物可以永远存在。世间的万事万物皆有寿命，只是长短有所不同，而企业也不例外。

说到这个话题，我就有一个亲身经历的小故事。十几年前，我曾与一位德高望重的禅僧对谈。那时我问他："大师，禅宗将来会如何？"他回答说："会自然消亡。"我对此很是震惊。暂且不论旁人，他信奉禅宗且还是高僧竟然如此断言，着实让我惊讶。大师也许觉察到了我的震惊，于是补充道："松下先生，那就是寿命啊。万事万物皆有寿命。这就是释迦牟尼讲的诸行无常。即使是禅宗，如果时机到了也会消亡。"

"可是大师，如果这样说的话，您在传教或规劝时不就会显得很无力吗？"

"并非如此。虽然我不知道生命何时走到尽头，但直到最后那一刻，我都会以禅宗为生。因为这是我的职责。如果你问我'禅宗将来会如何'，我只能像现在这样回答。因为这正是佛教本身的教义。"

"这样的话，大师，就是说我经营的松下电器也会在某个时候消亡，是吗？"

"正是如此。"

我们就此聊了很多，虽然聊着聊着最后说起了笑话，可我觉得自己从这段对话中受到了很深的启发。

中国古代的智者曾说过"苟日新，日日新"，万事万物从产生开始每天都在变化，然后逐渐消亡。而这就是释迦牟尼说的"诸行无常"吧。另外，古希腊的哲学家赫拉克利特也曾说："万物流转，今天的太阳已不是昨天的太阳。"

在这种日新月异的变化之中，一切生物都有自己不同的寿命。据说，有的虫子只能活短短几天，而有一种乌龟可以活将近两百年。万物的寿命有长有短，各不相同，最终会在某一个时刻走到尽头，人也不例外。虽然有人活过了一百岁，但无法改变人有寿命这一事实。更何况企业，它有比个体生物更为复杂的机体，所以正如大师所说的那样，企业会随着时代不断地变化，但不知何时就会走向消亡。

我有一个印象很深刻的经历。少年时，我曾经在大阪的一家自行车店当学徒。正好那时候大阪开始铺设路面电车，也就是市电。在那时，我便感觉到从此以后就是电气时代了。于是，我换了工作，从自行车店到了电灯公司，进而独立制造电器器具。对我来说，这个事情意义非凡。

现在的大阪已经完全没有路面电车了。当年开通的时候，它是最新型的交通工具，然而随着汽车的普及，路面电车妨碍交通，作为一项事业还出现了赤字，所以所有的线路被废弃了，然后被依次拆除。日本是明治二十八年（1895 年）在京都最早开通的市营电车，京都在昭和五十三年（1978年）就已将其全部拆除了。可见，随着社会的发展，市营电车在不到一个世纪的时间里就消亡了。

由此也能看出，无论如何企业都不可能永远存续下去，要么20年、50年，要么100年、200年、500年等。时间的长短各有不同，但都有一定的寿命，这是不变的原则。对此我们一定要有清醒的认识。

个体的人是有寿命的，但人类或人类社会是会长久存续的。人类存在于地球上已经有几万年，也有种说法是已经有几百万年了。我们可以这样认为，人类今后的生活还会经历漫长的岁月，会继续发展下去。从这个角度来说，企业也会和人类社会一起长久存续下去吧。也许在众多企业之中，会有这样的，但要永远保持同一种条件和同一种形式是不可能的。我认为，企业以同一形态存续的时间大概就20年或者50年。不知大家有何高见？

第五章

信赖之章

# 29 人是最为尊贵的存在

　　人是这世间排名第一的存在。因为有人才会有组织，并非有组织才有人。我们之前并没有贯彻这一理念，因此才会出差错。

提问：如果我们要强化组织，就会在一定程度上牺牲个人。如果我们要发挥个人的作用，就会削弱组织的凝聚力。为了使企业强大，我们应当把重点放在组织和个人这两者中的哪一个上面呢?

松下：毋庸置疑，人要排在第一位。因为组织是为人设立的。我认为那些轻视人的组织是不会长久的。原则上，我认为必须这样思考，然后再对事物做出判断。

我们必须把人放在首位。背离了这个前提，关于事物的一切想法都是邪道。人要处在最中心的位置，一切思想皆是如此。如此一来，一切都会出乎大家的意料变得合理起来。人对事物的思考，一旦受到知识的束缚，就会将人脱离首要位置。虽然并非怀揣恶意导致这样的偏离，但在不知不觉中就成了这个样子。

我在想，要做一个"人是处于首要地位的，是非常尊贵的存在"这样的人类宣言。我想和人权宣言相比，人们应该更需要这样的人类宣言吧。

两千年以来，所谓的人类观并未发生真正的改变。虽然各种各样的思想层出不穷，也出现了很多宗教，但实际上人们依然保持着旧的人类观。所以我在想，新思想不能顺利推进是有原因的。在我们的人类观没有改变的情况下，无论你带来怎样的东西都是不行的。所以，我认为必须改变过去的人类观。

如果要直截了当地回答你的提问，不论你怎么问，我的答案都是人。关乎经营，我不会说"还行，马马虎虎"之类的话。我认为不管发生什么事，人都必须站在首位。而我觉得我们必须把这当成一个哲理才行。

如果能做到这一点，就能在一定程度上向前推进事业。大家应该都是这样想的。我想你应该已经明白了，正是因为没能贯彻以人为中心这一理念才会出错。我认为事实就是如此。

# 30 训斥的辛苦

如果我们不训斥部下，什么都不做，他们就不可能独当一面。让被训斥的部下对你心存感激，作为社长的你能否做到？

提问：在每天和员工接触的时候，我就会忍不住突然发火怒斥员工。我的一个朋友见状后告诉我说："光是发火生气只会产生逆反效果，会招致员工的反感。"我想知道训斥别人的时候，是不是一定要抑制自己的感情，冷静交谈才更有效果呢？

松下：发火的时候，我一直都是勃然大怒那种。但我现在没有以前那种精气神儿了，所以变得多少也能忍耐了。但是，多少有点发火的气势还是很有必要的。

如果你真对生意倾注了热情，在拼命努力的话，有时自然会遇到一些让人怒火中烧的事。能够抑制自己怒气的人，自然可以称得上君子。但君子做过了头，会不会就变得软弱无力了呢。（笑）必须有唾沫四溅大发雷霆的气势才行。我三十四五岁的时候，对员工是会拍案大骂的。

有一段时间，大家都说在店里被我训斥之后才能成长。有人会说一些诸如"你还没被训斥过吧？那你还不行啊"之类的话。（笑）最后我实在是训斥不过来了，因为公司人太多了（笑），有些人根本轮不上。现在已经没有这种情况了，那时员工人数有限，我有精力训斥每一名员工，没有被训斥过的员工反而多少有些失落。那时只有这样，员工才能得到相应的成长。

　　如果我们不用训斥员工，什么也不用做，他们就能独当一面的话，那就太轻松了。实际上，我们很难如此轻松。不论对谁而言，训斥人都是很辛苦的。忍不住发火会惹人不快，而发火本身也是一种努力的体现。对被训斥的人而言，那应该是一件难得的值得感激的好事。

　　现在很多人将此说成"被骂"，有人还因此感到不满。这是错误的。有人愿意训斥你，是值得感激的。所以我每次训斥员工的时候就会说："你不送我点什么吗？"（笑）"明明很忙，我却花了一个小时跟你说这说那的。真是太浪费时间了，所以你要给我点什么。"

（笑）这么一说，他就能明白了。

实际上，我现在就算用十分钟来训斥员工或者与其谈话，也值几百万日元，真的。（笑）要是赚不到这么多钱，我就没法在公司待下去了。因为我在的位置要负的责任就值这么多钱。我现在虽然身为会长，但在我看来，在社会上和公司里，还有很多人需要依靠我这个会长的时候，我必须好好工作。就算在形式上没有工作，我也是心系工作的。

如果大家评估我的工作，或者问一个小时必须赚多少钱的话，我想对于"一小时只赚一两百万日元"的回答，想必大家不会感到满意的。所以我最少要赚几千万日元才可以。我有时就会突然产生这样的想法。

因为有时我会突然想到这些事情，所以在训人的时候我就会说："这十分钟我都在训斥你，这相当于我送给你几百万日元！"（笑）虽然这些都是半开玩笑的话，但玩笑中也有一半的真理。这样一来，他们自然就会明白我的意思。

# 31 看人要看优点

　　员工既有优点也有缺点。我们是否会关注他们的优点，并且诚心诚意地和他们交往？

虽然不能说没有用人的秘诀，但我很难说清楚"一定有"这个事情。也就是说，关于如何用人，我认为最重要的是诚心诚意。

过去，释迦牟尼就曾说过："要看人说法。"而人们也常说："即使是同样的事情，也不能用同样的说法，对这个人这样说，而对另一个人则要反着说，这样一来两者都能得到帮助。"释迦牟尼确实能做到这一点，但我认为，我们最好还是不要用这样的方法。

如果说用人有秘诀的话，我认为唯有以诚相待，没有其他方法。说得再具体一点，我认为重要的就是多看一个人的优点。

举一个极端的例子，说一下太阁秀吉和光秀是如何看待信长的。秀吉看的是信长的优点，他始终都把目光放在信长的优点上。据说光秀也是个非常诚实的人，但他总是看信长的缺点。所以能发现信长的优点并能与其产生共鸣的是秀吉，而发现信长的缺点并试图予以纠正的是光秀。试想你要是信长的话，你会更欣赏哪一个呢？虽然我认为经常有人给自己提意见是应该感到高兴的，但信长并不这么想。他可能会认为这个家伙真麻烦。秀吉则会与他产生共鸣，因为秀吉会对信长说一些"您很伟大"之类的话。一般来说，人都会因此感到高兴。秀吉并非奉承，之所以这么说，是因为他注意到了信长的优点。

公司的员工也有优点和缺点。如果一味盯着他们的缺点，自己会感到头疼；指出其缺点的话，他们也会生厌。你要想"这个人也有优点"。如果我们关注他的优点，就会觉得这个人很不错，很有趣。如果我们对他说，"你来干这件事吧"。他会回答："好的，明白！"还会在不知不觉中拼命努力地工作。

所以，重要的是我们要诚心诚意和对方相处，另一点是，要尽量发现别人的优点。这样我们就能收获更多的人力。

如果有人问我："你是怎么做的？"我是看众人优

点的人。所以，相比之下，我会感觉工作进行得还比较顺利。

　　当然也有失败的时候，如果只看一个人的优点，看淡看轻其缺点，就可能出纰漏。所以，要适当地注意其缺点才行，大约是四六分吧。长处六分，短处四分，如果能这样看待员工，那他就是一个有眼光的人，是比较善于用人的。做不到的话，这个人就并不善于用人。我是这么认为的。

　　要说用人的诀窍的话，就是这种对待人的方法吧，不是吗？除此之外，就是发挥出每个人的个性吧。

# 32 忠实于无形的契约

　　制造商、卖家、买家，供给者和需求者之间形成了一种无形的契约。你能否做到忠实于这个契约，并努力工作？

**提问：**松下先生您说我们和消费者之间的关系就如同是缔结了无形的契约，这究竟是怎么一回事呢？

**松下：**我曾经读过一本书，是随笔。书里写着，在一个山口有一间茶屋，茶屋里有一位老奶奶。这个老奶奶每天早晨都会定时打开店门，会准备好食物，煮好热茶，端给经过山口的人。

这成了一个习惯，不管是经过山口的人，还是老奶奶，大家都会像约好的那样。那么，这个事情就如同一个约定啦。

"几时要是经过的话，老奶奶会端茶出来"这件事，对于过山口的人来说，大家已经将它当成了一个习惯。这就是说，长年以来养成了习惯，就如同定了一个契约。所以，我们可以认为这就是一个无形的契约。

我们这些一般的生意人和制造业的人，都是指望着会有人来买才生产的。而买方也是指望会有人制造、会摆放在店里，所以才去市场的。

　　这就像是双方签订了一份无形的契约，大家都要忠实于这份契约才行。不论是买方还是卖方都要忠实于这个约定，我就是从这一想法中得到的启发。因为山口茶屋的老奶奶会像约定好的那样，为大家准备热茶，所以有人来这里爬山。

　　从这个角度来考虑的话，我们制造商和一般的民众之间也存在着无形的契约，所以我会告诉自己，要以忠实于这个契约的姿态来工作。

# 33 报酬和地位

　　员工究竟是否具备与其职位相匹配的见识和适应力？弄清这个问题，并做出判断，是管理者肩负的重大责任。

**提问**：我们公司有一些干部，是我从老一辈手里接过来的。他们的老价值观总是会左右我的意见，让我不能放开手脚大胆做事。我想过让他们辞职，但一想到他们以前的功绩，我就没勇气提出来了。我该怎样处理这些问题，如何对待他们才好呢？

**松下**：你是说，很多人年纪比你更大，生意上也是你的前辈，所以你有些不好说话，总是有顾虑，对吧？我认为你在这方面是有问题的。

对于不适合的人，最终还是要说"你不适合"。这的确很难启齿，但如果你不说的话，就不会有什么更好的办法，不是吗？

福特公司的第二代社长也曾受过这样的困扰。福特靠上一代社长的拼命努力才有了成果。上一代社长离世了，所以第二代就接了手。第二代社长真的很年轻。维持福特这么大规模公司正常运作的人大多都是上一代留下的有功之人。这些人都是身居公司高层的管理者。

你知道结果怎么样了吗？福特公司后来被其他公司赶超了，落后了。随着时代的发展，一个公司真正需要的是新的东西和新的想法。上一代人培养的部下已经上了年纪。因为他们有功劳，所以身负重责。而正因他们非常努力，公司才相继输给了新的竞争对手。这就是福特公司经历的最典型的实例。

公司到了第二代或者第三代的时候，领导者就会感到非常为难，觉得懊恼、烦闷不已，但又不能轻易舍弃这一观念。在这样的情况下，就尝试任用一些年轻人，而对于公司的老员工，要么厚礼以待请他们辞职，要么为其另行安排工作，将他们从重要职位上换下来。福特第二代社长则是身先士卒站在管理经营的最前列，在运营和管理上注入了很多新的知识。因此，公司很快得到了好转，并取得了今天的地位。

这是我听来的故事。美国的公司遇到这种情况也会变成这样，可见，这种事情放在美国也是非常难处理的。在日本那就更难啦。你该如何裁决，这是你肩负的一个非常重大的责任。

这个时候，我们就需要一个类似"依据"的东西。而要说"依据"是什么，那就是我们所说的"什么是正确的"这样的理念。

如此一来，就要思考一下我们的生意是属于我们自己的呢，还是属于社会的，或是属于我们的客户？根据其占用多少公共资源，我们就应该能下定决心。我是这么认为的。

比如，这个生意完全属于我们，那么怎么做都可以。如果我们认为它具有公共性质，也就是虽说是私人的企业，但在本质上它是一项社会公共事业，那么我们就会因此产生勇气，进行变革。我认为，如果我们能把重点放在这里思考的话，自然就会找到出路。我们要认可情谊和功劳，在此基础上一定会找到妥当的处理方式，不是吗？

西乡隆盛就曾为我们留下一条非常好的遗训：对国家有功劳的人应给予厚禄，但是地位却要另当别论。

也就是说，地位必须给予和这个位置相称的有见地的人才行。这正是西乡隆盛的国家观，也是他的管理观。对此，我认为大家都应该多加参考。你现在就可以体会一下西乡隆盛的这个教诲。我认为西乡隆盛真的很伟大。

# 34 要能切身体会顾客的重要性

　　留住一名顾客，就相当于留住了与之关联的上百名顾客，失去一名顾客，就等于失去与之关联的上百名顾客。我们决不能忘记珍惜顾客的心情。

做生意，谁都渴望能够增加顾客、提高销售额。但这并不容易。所以我们要把自己的店经营成这样：不用特意拜托，店里的老主顾就会为我们带来客人。他们会告诉自己的朋友"这个店感觉不错，服务也很周到"并邀请朋友们来光顾。

　　所以，增加客户的努力固然重要，但留住老客户同样重要。因为留住一家，就能增加上百家，而失去一家，也就失去了上百家，所以我们要珍惜客户。这种心情非常重要。

　　说起来，客户和我们是一种亲戚关系。我们都有自己的商品吧，我们出售的商品就像我们常年悉心照顾的女儿一样。别人来买我们的商品，这就和我们送女儿出嫁是一个道理。这个客户与我们店就成了亲戚。

　　"男方的家里人对我女儿是否满意？""走到这附近来了，我就去看她一眼吧？"如果我们的女儿出嫁了的话，我们自然就会产生这样的心情。而将这种心情投入生意之中的话，就会萌生一种超越单纯的生意往来的信赖关系。当然，所有的事情都这么做是不可能的，但重要的是保留这种珍贵的心意。

做生意，我们就要反复斟酌商品并带着自信销售。当然，也必须站在买方的角度考虑问题。我们要做到的是，让自己站在客户的采购员这一立场来看问题。这样一来，我们就会思考顾客需要的是什么，想要什么水平的商品，对商品的品质有何要求，对价格有什么要求，数量是多少，采购的时机是什么等问题。这就是采购员的职责。这样思考的话，我们在为顾客推荐商品的时候，自然就能符合其心意了。

这些都是经营学书中不会写到的。我不懂经营学，也不明白学问这种复杂的东西。虽然如此，但我可以从现实的生意中了解和学习。因为我是从小学徒做起的，而且是九岁就当了学徒。

那时，像我这样的小学徒很多，到处都有，并不只是我一个。我出去做生意，客户会教我很多东西，比如"要这样做""要这样顺势而为"。"您好""再试着说一遍""接下来要这样说",等等,我几乎每天都在接受这样的教育。

因为有人买,我们才能做生意。所以做生意最重要的就是顾客。做生意就该珍惜顾客。我就是以这种形式接受教育的,所以能切身体会到顾客的重要性。

# 35 不让对方受损

　　虽然我是一个很挑剔的客户，但是我从不做过分的事情。你能否做到让大家评价公司时都说"这是一家虽然挑剔但很好的公司"呢？

做生意，一定是卖家和买家两方都高兴才行。买家要觉得自己能买到这样的东西真是太好了，太方便了，一下子丰富了，要有这样的喜悦之情。而卖家在让对方感受到这份喜悦的同时，也获得了利润。要像这样才行。

我们不能把生意做到被人讨价还价，以致佣金低到不够吃饭的地步。做生意应该是双方都能非常满意才好。这才是生意应有的样子，是政府应该奖励和支持的。实际上，并不是价格越低就越好。因为政治方向变化，是可以整体将价格调低的。调低价格之后，多少也能赚点钱就很好了。现在已经到提高价格也不赚钱的地步了。这才是我们目前面临的问题。

我是从做小买卖开始干起来的。最初采购、制造以及销售都是我一个人。进货的时候自然要讨价还价之后才买，对吧？但那时，我一定会问对方："这样一来，你还能挣到钱吗？"对方就会回答："请放心吧，多少还是能赚一点的！""那就太好了。我是能讲价就讲价，但也不想让你吃亏而赚不到钱。如果那样的话，生意也就不会长久。"事情就是这样，大家自然都很高兴。

我在采购和销售方面虽然苛刻，但我不会做得过分，多少给自己留点后路，所以大家才都说松下电器好吧。对方卖得便宜，但也从中领悟到"我们必须用这种状态来做事才行"，从而内心萌生一种喜悦之情。如果我是成功的，那么我想这个成功的秘诀就在此吧。

第六章

飞跃之章

# 36 苦难会变成快乐

经营是一门综合艺术，是在一张白纸上创造价值的工作。做这样的工作，一路走来必然会遇到诸多潜在的苦难和烦恼。但身为经营者，不仅要忍受其中的苦涩，还要乐在其中。

我认为，从广义上讲，一名经营者就是一名艺术家。为什么这么说呢？因为我认为经营是一种综合艺术。在一张白纸上作画，要画得足够出色，才能获得艺术家的赞美，其作品才能永世流传。总之，就是要在一张白纸上创造出价值才行。而这一点与经营是相同的。

换言之，经营者不能只是在白纸上创造平面性的价值，还应该以立体的、能向四方扩散的、广阔的艺术为目标。因此，经营是一门活生生的艺术、一门鲜活的综合性艺术。我们要以这样的观点看待经营，这就是我的看法。

以这种眼光看待经营，经营就是非常了不起的。经营者就是从事这项艰难工作的人。实际上，社会很少给予经营者这样的评价。

很多人认为经营就为了赚钱，认为要进行合理的经营。我认为大家只是以这种眼光来看待经营是不行的。我们最终要从"人是什么""人生是什么"出发思考问题才可以。

也就是说，虽然我们在顾客面前说的是"我是一名商人，非常感谢您一直以来的照顾"，但是对自己的评价还是要有高度才行。因为我们是一名综合性艺术家，所以我们自然会有与这个评价相匹配的辛苦和烦恼。这才是一名经营者所应有的姿态。

要能"品味"这种骄傲和自豪，以及相伴而来的苦难和烦恼。如果做不到，或者讨厌劳心劳力的话，那么最好不要做经营者。我真是这样想的，真是这样的……

你要品味完成一幅作品或工作取得进展后的喜悦。要品味苦涩，也要品味喜悦，并要综合思考一下自己。一个人没有这些体会是成不了经营者的。即便成了，最终也会失败。我就是这样想的。在漫长的工作经历中，虽然我也有过想放弃的时候，但是如果一直深陷这样的情绪也就没有现在了。有这种想法的时候，我们就要转换一下思维方式。在快要陷入僵局的关键时刻，一定要做一百八十度的大转变，要能把痛苦转变成乐趣。

我们必须时常做好"必死"的准备并在不至于自杀的情况下，在心中描绘出转变事业方向的蓝图。这可不轻松，它就像"在空中荡秋千"。经营者大概就是能品味这种苦涩并能将其当作乐趣的人吧。那些悠闲自在的人不是真正的艺术家，只是在浪费时间而已。

# 37 不想劳心费神就请辞去社长一职

　　公司里最劳心的职位就是社长。你能否认识到是因为有许多事需要我们费心，我们才当了社长？

提问：我做了很长时间的上班族，后来才慢慢开启了这个小事业。在推进事业的时候，我遇到了很多新的问题，它们都是我从未想过和经历过的。我每天都过得很辛苦。但我想成为一个能担当的男人，我希望自己能独当一面，所以我拼命工作。松下先生您是在什么时候开始认为自己已经成了一个能独当一面的男人呢？

松下：没有啊，因为我也还在寻找自己的道路，还没有那种轻松的心情，觉得自己已经能够独当一面了。这是真的。所以到现在我晚上都睡不好，也可能是天生如此吧。因为我总在思考各种事情，因此睡眠很差。这一点一直都没改变。

一般来说，一百多人的公司，最劳心费神的就是社长。虽然大家经常说不让社长担心，但是身为社长又怎能不担心呢？

今后开展工作的话，你还会不断地操心，也会遇到很多棘手的问题。而这就是社长的价值所在。正是因为有操心之事，当社长才有了意义。如果你不能这么想的话，就会徒增辛苦。而我们面对这些劳神费心的事情，常常感觉："啊，我不行了。这没法解决了。"这很正常，因为我们都是人。但我们要在下一个瞬间就把这种想法转换成"正因为有了这些操心之事，我才会是社长"。必须这样才行。

# 38 人的价值

如果不大胆地放手，让他去做，我们就无法知道这个人的真正价值。而只有大胆放手，我们才会明白其价值。

提问：一直以来，作为一名经营者我一直在守护着公司，现在我上了年纪，所以在想是不是该退下来了。于是，我想那该让谁来继承公司呢？我环视了一下公司内部，发现他们都有些高不成低不就，很难找到合适的人。一想到公司的未来我就有些不安。您能就选择继承者的标准给我一些建议吗？

松下：我想大家都是这样的。我认为，实际上不可能有"自己真的很放心，以后也没什么问题"这样的结论。我的看法是，对这个事情我们能把控的程度大概在60%或70%。

可能也会找到100%超越自己的人，但一旦你把事情交给他去做，也会出现一些进展不顺利的情况。如果我们不放开手让他去做事，我们就不会知道他真正的价值。也就是说，要让他独立去做，放手把事情交给他，我们才能知道成果如何。还有一点就是，你想着此人将来可以委以重任，但有时很难把握委以重任的时机。实际上，我们在看人这件事上就是这么不准。我就是这样想的。

刚才你提的问题，我不能不给你一个具体的回答。我一直以来的做法都是，如果这件事有 60% 的可能性，我就会先把它确定下来。比方我要提拔一个人，不论是让他当部长还是当课长，如果我认为他有 60% 的可能性胜任这一职位，那我就会让他去做。我一直都是这么做的。

任用之后你会发现，有些你认为有 60% 可能性的人，实际只有 50%。而你觉得满足 60% 可能性就可以的人，可能会取得 80% 的成绩。这些情况，没有遇到的话就不会知道。

我觉得不光是选继承人，在平时大家也会就一个职位的人选问题十分困惑。我认为感到困惑非常真实。这就好像有个人跟你说"你能活到多少岁"一样，只要你活着就无法验证。所以将来会如何谁都说不准。

算卦的都不知道，我们这样的人又怎么会知道。

（笑）所以我认为当我们能判断"啊，这有60%左右"的时候，剩下的部分就只能冒险了。

我当会长的时候曾说过："我既然当了会长，就不会再去公司上班了。一周只去一次，其余的时间我都不会去。"因为我觉得绝对不能搞两面旗帜。如果搞了，原本觉得是60%的或许就变成了55%，这可不行。所以我当天就对全体员工明确地说明了。

我在就任发言的时候明确地说："既然我当了会长，我就不会再来公司上班了。我本想采取的是这个方针，但是事实上行不通。所以原则上，我一周会出勤一次。以后我希望诸君能以新社长为中心努力工作！"

这样一来，大家自然都很惊讶。但是我觉得结果还是很好的。如此一来，新社长无论如何都要努力让自己配得上这个责任重大的职位，而其他的干部也不能不拥护新社长，这就是所谓的背水一战。庆幸的是，这个决定还不错。所以自那之后，我就一直执行这个方针。

# 39 不要在税金上费心思

　　将来若想做大，经营上就应当光明正大。与其在节税上费心思，不如把精力放在如何赚更多的钱上。

提问：我觉得中小企业在发展的过程中，给人带来烦恼的先是人，之后就是税金。我们也在考虑进一步加强节税对策。松下先生您在公司发展的不同阶段，是怎样处理税务相关的事的呢？

松下：税金相关的事就是那些，十分明了，不能为了税务上的事而牺牲事业。

一般来说，只会按规定来交纳税费。如果你赚了一万日元，要交的税金就是固定的，不会对利润以外的收税。你不是在想如何赚更多的钱，而是在想如何节税，所以才会烦恼。（笑）

刚好你问到这个问题，那我就说一下吧。我们的经销商或者说是老客户中有一家销售公司。虽然我们只是投资了一部分，但是基本都是我来指导经营的。我一直在跟他们讲在税金上决不能糊弄敷衍。

因为税金只会收取固定的部分，所以我们就不要在这上面动脑筋了。大家不如把心思用在如何能多挣钱上，那不是更有意思吗？我对他们的指导就是，所有的事情都要做得光明正大。最后大家全都发展起来了。

将来若想做大，必须对这件事下定决心才行。如果你只是想赚一点小钱的话，那按照之前的做法也可以啊。（笑）这是一个非常严肃的问题。

要想将来有所发展，不能做到光明正大的话，在用人方面就会有危险。在自己一个人干事的时候，还能就节税的问题多少想些办法妥善处理。但人数多了以后，就会存在一定的隐患。实际上，你在工作的时候，如果脑子里还放着节税的事，就会被牵绊分神，所以并不会想出什么好主意、好办法。在公司是不是能够发展壮大的问题上，我认为如何对待税金是一个非常重要的问题。

回顾当时和我们一起起步的同行，只有我的公司获得了持续的发展。如此看来，我的方针没有错。

# 40 动意与反思

　　早上动意，然后行动，晚上反思；年初动意，年末反思。希望大家都能这样经营企业。

松下：就经营而言，有的企业前期发展顺利，之后突然倒下了。人在只赚到一千日元的时候，会想"啊，还可以。我要好好干"；赚了一万日元的话，就变成"我干得真不错呀"；如果下次赚了十万日元，就会认为"这已经很好了"。于是便开始胡乱花钱，最终导致破产。这是人的本性使然。

有句谚语告诫我们：即使打了胜仗也要保持警惕，要系紧盔甲保持高涨的气势。所以对古人的话和现在的学说，我们要同样重视才行。如果我们认为过去的东西过于陈旧而轻视的话，就一定会吃大亏，遭受大损失。

对谈者：就像典故里讲的一样，我们应做到胜不骄。

松下：人必须早上萌生想法，然后采取行动，晚上对行动展开反思。年初的时候，要动脑去想今年建一个工厂，做一个产品。到了年末，就要尝试反思这些结果好还是不好。如果你一直处于这种经营状态，那就不会出问题。

**对谈者**：这样一来，也会产生自信。

**松下**：是这样的，你说的没错。松下电器有做得好的一面。战争刚结束的时候，因为被指控为财阀，五年间我什么都没能干，部下也都一个个不知去向。昭和二十五年（1950 年）12 月的时候，解除大部分限制性规定，我才获得了经营的自由。当时，我的个人财产全都没了，公司也背负了巨额债务。我必须重新站起来。当时的情况是非常糟糕的。那五年间，我把自己当成"罪人"，严格要求自己。可能有人会说哪有这么愚蠢的，但我努力奋斗坚持了下来。

**对谈者**：这种极具毅力的根性，是日本人共有的吗？

**松下**：这是日本人共有的特性，但我比别人强韧一倍。也可以说，这是我的个性。政治事态一片混乱，局势动荡低迷，对经济发展来说，现在是十分艰难的时代。极端地说，在这种情况下，大家甚至都不知道该做什么。虽然如此，但想到战争已经结束了，大家不会因为悲观而惊慌失措了。

**对谈者**：虽然不会惊慌失措，但是迷茫迟疑的心情还是十分强烈的啊。

**松下**：这就好像天气一样。台风来了天气会变得很糟糕，但台风不会持续一个月。快的话几小时，慢的话也就一天，之后台风就过去了。不需要担心，雨天之后就是晴天。而好事必然也会再次轮转回来。

要巧妙地规避不好的，不要抵抗。然后等我们眼界开阔，看清了前方就要施展拳脚去大干一场……这样不是很好吗？

# 41 成为父亲般的存在

　　保持一定的威严很有必要，但是单凭这一点，人们并不会追随你。关键在于你是否能给员工带来安全感，是否能成为一名好说话的"父亲"？

提问：从员工的角度来看，松下先生是一个"可怕的社长"吗？就是那种能够洞察一切……

松下：没有这样的事情。我要是那样的社长可不行，不能让人感到可怕。虽然在某些方面，令人可怕是必要的，但你只是可怕的话，人们并不会追随你。

第一，站在员工的角度，如果我有一个可怕的老板，我一定会受不了。我会觉得还是那种什么话都能说，就算不能完全理解，但在一定程度上能够理解的老板更容易伺候，过于尖锐的人不好相处。

其实这最终还是要看我是否能给员工带来"安全感"吧？我到底是一个可怕的社长呢，还是了不起的社长？我觉得员工可能会有各种想法。而我个人认为问题就在这儿。虽然我觉得没人认为我是一个可怕的社长，但究竟是怎样的呢？（笑）总之，他们不会认为我是一个很随便的社长吧。

以前，在公司只有十人、一百人的时候，大家和我总是在一起工作。那个时候商店都是下午五点关门，有的时候员工都回去了，但还是会有见习生，他们会工作到很晚。他们常常会批评我："你要工作到什么时候呀？早点结束吧！"尽管如此，我还是会努力埋头工作。所以大家会时常提醒我注意："身体弄坏了可就不好了。拜托你了，快点收工吧！"从那时开始，我就没觉得有人认为我是一个可怕的社长。

**提问：**在松下先生的传记以及其他资料中，我们经常可以看到诸如"要表扬的话就彻底地表扬，而训斥谁的时候，我一定会在众人面前训斥"这样的场景。您有没有表扬人或训斥人的秘诀呢？

**松下：**我会在大家面前把自己毫无隐藏地坦露出来，我认为这是最重要的。也就是说，我会毫不掩饰地直接面对问题。

这样一来，那个人就会认识到我到底是怎样的人。而从这一点来说，我应该是那种大家比较容易把握的人吧。所以我觉得自己不可怕。

我觉得，这可能是因为我在表扬或者批评他们的时候适当地表现出了这一点。我在训斥他们"这件事你都做不了？你到底在干什么呢"的时候，我是会适当坦露自己的。我现在还记得自己边拍桌子边训斥他们的情景。现在的许多干部，很多都是我拍着桌子训斥过的人。

但我并不是每天都会干拍桌子的事，只是偶尔拍。若是工作做得好，我就会说："你不出去玩玩吗？"实际上，这种情况更多一些。比如我表扬过五六次"你干得不错"的话，一般会有一次是训斥批评他们吧。

如果两次中就有一次是训斥的话，是不可取的。自己会很累很辛苦。（笑）在公司很小的时候，我是很认真的。因为失败了的话就会"流血"，所以发怒的时候，我会很严厉。因为我每天都在拼命工作，所以训斥也好，表扬也好，我都会认真对待。

# 42 真心可以传递

　　"拜托你了！"我们是否有这种发自内心恳请别人做事的心？对待员工，我们是否心存深切的感谢与慰问之情？

我认为在事业发展的不同阶段，经营者要从心底改变自己说话的语气，要将自己说话的语气从命令变为恳请，最后变为感谢。这是非常重要的。

　　之所以这样说，是因为我认为当手下有十个人或一百人的时候，经营者只要做到率先垂范，命令大家去做这个去干那个就够了。这样能事半功倍，提高业绩。当企业规模达到一两千人时，仅凭命令是不足以使员工真心劳动的。他们不会带着感激之情工作。领导者在表达自己想法的时候，不能带有命令的语气，需要从内心表达出自己的请求与拜托之意。"请这样做。请那样做。拜托你了！"如果能这样表达，肯定获得不同的反响。我想对方会感受到我们的心意而行动起来。

　　当企业规模进一步扩大，员工人数达到一万甚至五万以上的时候，经营者要有一颗"合掌恳请"之心。

如果没有这样的觉悟，认为"我是社长，我很了不起，所以能命令你们"，我想员工恐怕是不会真正行动起来吧。

"自己一个人无法完成这项工作。我们的部下有技术，有知识，我们需要这样的人。只有这些人都行动起来，才能完成这项工作。"我认为经营者必须有这样的心态。我们要对愿意为自己工作的部下心存深切的感谢和慰问之情。

随着公司壮大和人员的增加，我一直很在意这件事。同时，我一直在向事业部长和相关公司的社长呼吁，希望他们能和我一样，用这样的心态工作。实际上，我认为用这种心态工作的人都获得了某种程度上的成功。您是怎么想的呢?